目次

第五章　終わりから始まる　171

はじめに

三砂慶明

この本は、定有堂書店が発行している月刊のミニコミ誌『音信不通　本のビオトープ』（以下『音信不通』）に掲載された奈良敏行さんの巻頭エッセイに、書き下ろしの原稿を加えて編者が再構成したものです。

定有堂書店は奈良敏行さんが一九八〇年に創業した町の本屋です。鳥取県鳥取市の若桜《わかさ》街道沿いの往来にありました。二〇二三年四月十八日にその暖簾《のれん》を下ろすまで、「本を並べること」「読書会をすること」「ミニコミ誌をつくること」の三つを柱に、四十三年間営業を続けました。その独自の選書と取り組みが全国各地の書店員に注目され、書店員の訪問が絶えないことから「書店員の聖地」とも呼ばれました。奈良さんは、書店の開業と同時にミニコミ誌を創刊し、『リーフレット定有』『ブックレット定有』『定有』『定有堂ジャーナル』『音信不通』と紙、小冊子、ウェブサイトと様々な形で、店を閉じた現在も途切れることなくその活動を続けています。

本書の核となった『音信不通』は、二期あります。書店開業前の一九七三年五月に創刊した第一期（十二号・一九七九年休刊）と、二〇一六年七月に創刊した第二期（百号・二〇二四年十一月現在）です。本書に収録したのは第二期のエッセイです。それまでずっとミニコミ誌の発行人として寄稿者を見守ってきた奈良さんが、初めて読者の前に出て、本を売ること、本を読むこと、お客様と対話することの楽しさを綴《つづ》りはじめました。

第二期の『音信不通』のテーマは「本のビオトープ」です。ビオトープとは、ドイツで生まれた概念で、生物が生息する場所を意味する造語です。近年では池を作ったり、草木を植え込むことで、昆虫や魚、小鳥などの生きものの暮らしを支えるためにつくられた場所のことも表すようになりました。奈良さんは、ビオトープを大胆に「本」で捉えなおし、小さな声の読者が暮らしやすい「土壌」を育むための「一本の木」として『音信不通』をはじめたのです。

『音信不通』が大切にしていることが三つあります。「ミニコミ」であること。「宣伝」を目的としないこと。「レジリエンス（復元力）」の場であること。つまり、それぞれの寄稿者が、書くことで自分自身の言葉を取り戻せるメディアであることです。結論はあえてつくらず、それが生まれる過程そのものに軸足を置いて活動してきました。定有堂書店が閉店してからも寄稿者らが集い、熱のこもった言葉の交換がいまなお続いています。

そもそも「ミニコミ」とは、ある個人やグループが自主的に発行し流通させる印刷物のことで、「マスコミ」という大きなジャーナリズムに対する、Mini Communication Mediaという和製英語の略称といわれています。奈良さんが同人誌やフリーペーパー、ＺＩＮＥ等という言葉を使わないのは、「マスコミ」に対するカウンターだからです。実際、奈良さんが定有堂書店で続けてきた仕事は、常に世の中の流れの反対側にありました。「わたし」の声を拡散し、少しでも多くの人に届けようと腐心する世の中で、「小さな声」を大切にしてきました。一秒でも速く多く商品を届けようとする社会で、「遅れて売ること」の可能性を模索しました。多くの企業が、顧客の囲い込みに注力する中で、どこまでも「ゆるく」、本と読者との「つながり」を丁寧に温め続けたのです。

定有堂書店を訪ねた人たちが、よく口にする言葉があります。一体なぜ、奈良さんは時代の強い逆風を浴びながら、誰の真似《まね》もせず、ただ一人身の丈を貫き、自分の道を歩むことができたのか？その奈良さんの思索の軌跡をまとめたのが本書です。

本書は、大きく五つの章に分かれています。第一章は、定有堂書店の日々と奈良さんの出発点である「ミニコミ誌」についての思索です。第二章は、奈良さんが本屋のカウンターごしに考えた「普通」の本屋とは何かです。第三章では、なぜ読書会を四十年近くも続けられたのかの気づきを綴っています。第四章では、奈良さんが生涯をかけて取り組んだ定有堂書店の終わりを記しています。第五章は、定有堂書店を閉めた後にはじまった小さな新しい物語です。しめくくりに本書のエッセンスを集約した「あとがき」があります。便宜的に五つの章に分けていますが、全ての章は境界なくとけあい、つながっています。どこから読んでいただいても、そこには立ち止まっては考え、歩き続ける奈良さんの姿があります。

あらかじめお伝えしておくと、『音信不通』第二期のエッセイは、本書に収録しなかったものも含めて、すべて定有堂書店のウェブサイトで読むことができます。それではなぜ、この本をつくったのか。それは、一冊の本として読むことで、まるで螺旋《らせん》階段をのぼるかのように、奈良さんから見える景色が変化していく様が体感できるからです。

奈良さんは第一期の『音信不通』をはじめた際に、その思いをこう記しています。

「〈音信不通〉というのはこのパンフの名前ですが、もともと多少の諧謔を籠めてつけた名です。いずれ突然、音沙汰なしになるだろう、という程度の軽みです。

人はだれでも《Voyages de découvertes dont on n'a pas de relations》（報告も残らぬ探検旅行

——Rimbaud）へと〈音信〉を途絶して行かねばならぬという観念が重く心にあります。かような意味で、〈不通〉となるまでは、目を通してもらいたい人に目を通してもらう、という基本姿勢のもとにつづきます。〈音信〉として一読していただければ幸甚です（原文ママ）」（『音信不通』〔第一期七号〕）

定有堂書店を始める前の『音信不通』第一期から現在に至るまで、奈良さんの根本原理は変わっていません。本が好きで、人が好き。町の本屋を一生の仕事として続けてきた奈良敏行さんの言葉をぜひお読みください。

第一章

音信不通　本のビオトープ

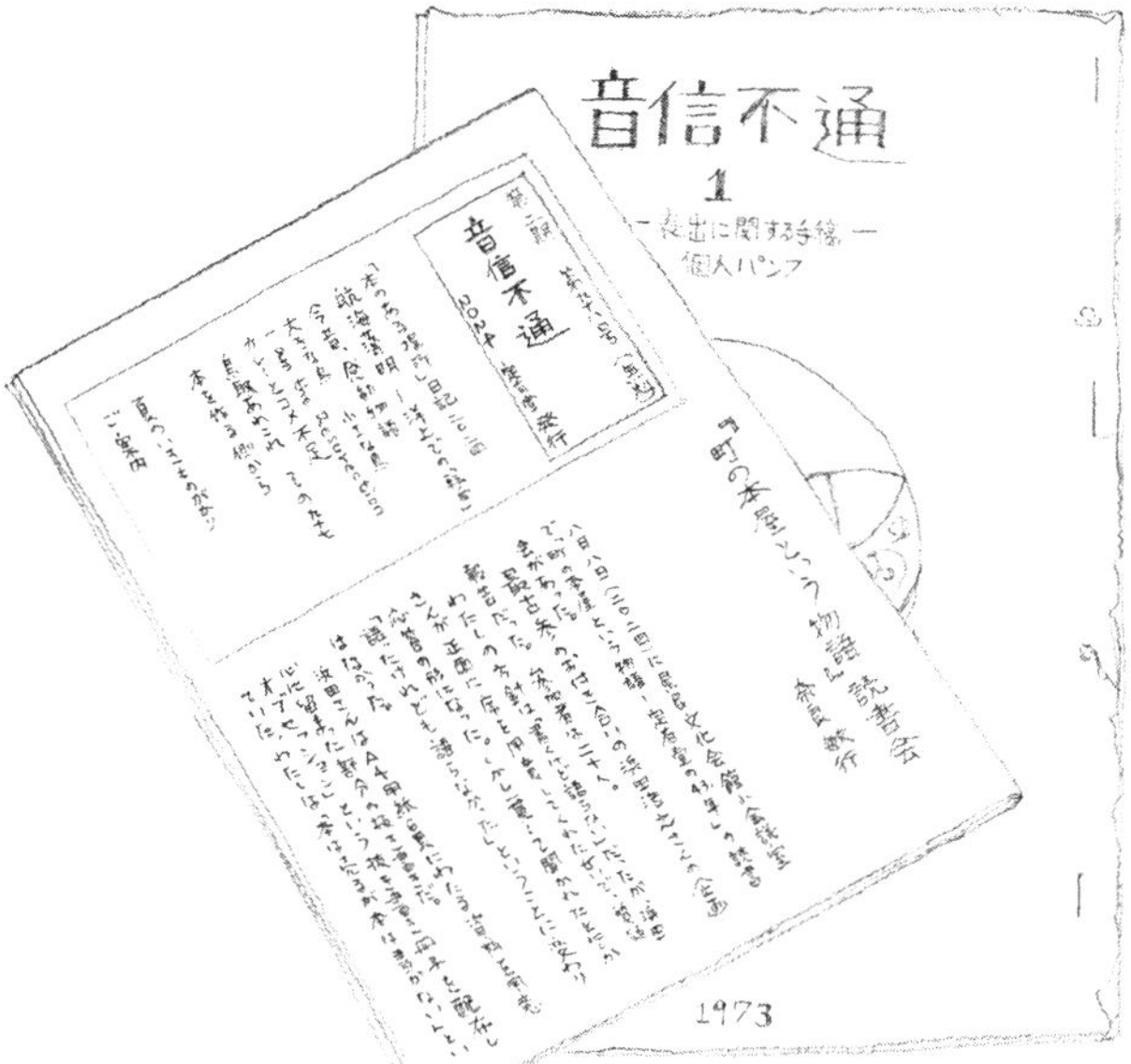

定有堂のウォールデン池

定有堂書店は、鳥取駅と県庁をむすぶ商店街の中ほどにある。駅から約七百メートル。若桜橋を渡ってすぐの北詰にある。店前の往来を若桜街道といい、十字に交わる小さな流れを袋川という。袋川は蛇行しながら二キロほど土手に桜並木が続く。桜は北側にのみ連なり、対岸には見られない。桜の下には手入れの行き届いた小道がのびる。

本屋は北側、この小道側にあるので、ときおりたたずむのも、北の土手の上だけ。

最近になって橋を中心とした袋川に興味がわいてきた。橋のにぎわいが少なくなってきたことも関わりがあるかもしれない。橋が道路の一部と思われていたのが、人通りがまばらになり、道というよりは造形物、とその個性に気がつきはじめたせいだ。

最初のきっかけは、町医者というには著名すぎるけど、地域の人にとっては身近に大切な人なので、そういう他に適切な言葉を知らないが、その徳永進医師が、桜の満開の夜に、本屋に駈け込んできたことがあった。

「奈良さん、ちょっとおいで」と、入り口のドアから顔をのぞかせ、私に手招きをする。

「一人で店番してるんですけど」と言ったけど、お客も途絶えていたし、ついていった。

橋の上は誰もいなかった。

「ほら、川面《かわも》を見て」

「なんですか、もう暗いですけど」

「ぼんぼりの灯りが桜を照らし出し、それが水面に映ってるでしょう」

「あ、ほんと、ですね」

確かに鏡のように川面に桜が見える。

「で、ずっと、こっち、反対の岸の道路に行ってみよう」と誘われ、急いだ。

桜並木が逆さになって、そのまま川に存在している。桜は川向こうから見るときれいな遠景なんだ、と知った。そのようにかみしめて町を味わう人がいることも知った。

もう一つ。本屋には「読む会」をはじめ、いくつかのサークルがある。案内の掲示や会員への毎月の案内ハガキを作成してくれる、本屋の常連の人がいる。ドラメリア（小林みちる）さんという名で知られる。この人がいないといろんなサークルが回らないのだが、案内を出したりはするのだけれど、読書会そのものに熱心に参加するわけではない。年納めの会に招かれ黙ってウナギを食べるくらいだ。いるけどあまり姿を見ない。座敷わらしのような存在だ。守護神の一人である。一人というと他にも神がいるのか、ということになるが、……いる。猫である。本や雑誌の特集、置物がいっぱい。猫が好きな人のための本屋なのだ。猫が好きな人は本が好き、と決めつけて久しい。

このドラメリアさんが、土曜の昼過ぎに来て、よくぼやいている。かなりイライラしているみたいだ。「また、森の生活者のベーグルが買えなかった」と。私はこのベーグルというのがいま一つイメージできなかった。

川のほとりにシティホテルがあって、宿泊客の人がよく本屋に立ち寄ってくれる。男性が、「奈良から出張でときどきくるんだけど、あのベーグルが楽しみでね」と語りかけることもあった。男女、年齢も問わないのか、ベーグルは？

勇気を出して、「森の生活者」に行った。ベーグル喫茶なのだ。「ベーグル！」と陳列ケースを見たが、売り切れだった。窓際のカウンターに座った。本屋の入口が正面に見えた。正面に見るから正面なのだと後で気づいたが、実に人の出入りがよく見える。「クラシック」という名のコーヒーを注文した。おいしかった（現在は「ワイルド」が気に入っている）。

「森の生活者」は二階にある。袋川が道をはさんで流れているのだが、カウンターからはすぐ下にあるように感じる。左に若桜橋、右は窓枠で視界が切れる。川の左右が閉じられたように見える。

これを「池」と呼んではいけないのだろうか。私は水のそば、池の周囲が好きなのだ。

本屋にはいくつかのコーナーがあるが、奥にさりげなく置いてある「ヘンリー・デイヴィッド・ソロー」の本がよく売れる。自分では、生き方のオルタナティヴというものの「窓」として置いている。『孤独の愉しみ方』や『ウォールデン　森の生活』がよく売れる。前者は副題に「森の生活者ソローの叡智」と記してある。ソローとベーグル喫茶「森の生活者」は関係あるのだろうか？

オルタナティヴ、世界の中心に隔たりをおいた、そうでないもう一つのもの、という立ち位置は、定有堂の核となるものだ。すき間に咲く、ということでもある。

一つのアイデア（思いつき）が心に点火する。そういう瞬間が好きだ。この思いつきは、ソローが過ごした「ウォールデン池」へと飛び火する。

二階の窓際のカウンターから見た袋川の一角が池に見えない？　と何人かに問いかけてみた。みんな「見えない」とつれない。でも、ちょっと待って、考えてみる、と『ウォールデン　森の生活』を買っていってくれた人がいる。結川真悟さんだ。出張先の米子のホテルで読んでみると言ってくれた。もし、数日後、彼が、「見える、ウォールデン池だ」と応《こた》えてくれたら、何かが始まるかもしれない。彼も、この「池」のそばに職場がある人間だ。

長い間、若桜橋の北詰を根拠地にし、町の中に生きてきた。橋の下に流れる袋川は、北側中心に偏《かたよ》った保存のほどこされた土手だ。言い伝えによると、武家の時代、北側の土手を高く、大雨のときは、南側に水があふれるように高低差が工夫されていた、と聞く。

いままでは、こちら側で並木道のたたずまいを楽しんでいた。桜のトンネルという風情をよろこんでいた。でも反対から見ると、少し森の「も」の字が感じられる。

思いつきが、心に火を点す。現実は何も、もう変わらない。「見立て」は、でも心象風景を一変させることがある。

オースターの『幽霊たち』

ソローの『ウォールデン』を読むシーンが、ポール・オースターの小説『幽霊たち』にあるよ、と古賀啓三さんが教えてくれた。啓三さんは若いときからアメリカで暮らし、アメリカの女性と一緒になった。多言語話者なのだ。独特の言語感覚があり、私にはとても魅力的な存在だ。『幽霊たち』は新潮文庫に入っていて、さっそく読んだ。解説の三浦雅士が「何か暗く深い奥行がある」と本質を言い当てている。同様の「奥行き」が啓三さんの言葉にもいつも感じられる。ここでポール・オースターが言いたいことは、「我々は我々の真の場所にはいない」という発見だ。しかしこれは、「自由」の別の言い方でもある。

オースターのソローの読みは面白い。「森の中で一人きりで暮らそうなんて、何だってそんなことしたいと思うんだ?」私も読みながら少し退屈だった。でもページを重ねるとふと気づいた。オースターも同じことを言っている。「彼(主人公のブルー——引用者註)は一挙に理解する。このことはゆっくり読むことなのだ」

ゆっくり読む。一日数ページだけ。そういえば、『幽霊たち』にはあまり水の気配を感じなかった。ソローは言う、一人きりになるとわかる、地面は水に浮かんでいるたよりのないものだと。都会の中で時間に追われ、一人きりになったブルーはかわいそうだ。自然と出合うためにあとどれだけの孤独が必要なのだろう。

結川真悟さんは、沼田真一他編『ともに創る！　まちの新しい未来』という本を貸してくれた。『震災後』に考える」というブックレットシリーズの一冊だ。私は熱中するとエンピツで線を引かないと本が読めない。すでにもう返せない状態になっているが仕方がない。定有堂でも小冊子を作っている。ウェブサイトに連載して下さっている「読む会」選書係の岩田直樹さんの文章を、一年ごとに、ドラメリアさんが編集製作してまとめている。今年のタイトルに「多様性とレジリエンス」とあった。この言葉を自分の中心にすえると、最近考えていることに一本背骨がとおるのに驚いた。自分では「七転び八起き」と解釈した。春からこの「レジリエンス」をテーマとして考えつづけている。

結川さんのブックレット（彼も学生として参加している）には、たくさん学ぶものがあった。レジリエンスについての理解とそこからの出口としての対処法だ。

私の常用しているリュックには故あって陰陽マークがぶら下げてある。身体操法としての太極のアイコンに興味があるのだ。気づいて結川さんは「陰陽」いいですね、と言った。生きる場を「循環サイクル」つまり「栄枯盛衰」のくり返しと知ることが重要なのだ。ブックレットの指摘だ。いまつらくても、この場がいずれ変化するのなら耐えられる。易の思想で語られる龍の昇降の往来と同じ認識だと思った。

もう一つは、やはりブックレットの教える野口裕二編『ナラティヴ・アプローチ』を典拠とした人とのかかわり方だ。オースターのブルーも、いわば「物語」に閉じ込められていく悲しい男だ。「ドアがばたんと閉まるように、一瞬のうちに、取り返しのつかない認識が彼を襲う」。ナラティヴの考え方は、芥川龍之介の「藪の中」を思い浮かべればいい。ここでは、複数の「語り」の中で、唯一の物語を求めない。物語の併存をそのまま受け入れる。「世の中わからないことだらけだね」で、一歩前へ進む。

「学び」の根幹としての、七転び八起きの糸口である、「レジリエンス」というアイデアが、このようにしてするすると解きほぐされていくのを体感した。結川さんとの出会いのおかげだ。

人は固定観念をもって生きる。それを私はオブセッションと呼ぶ。自分が自分であるゆえんだ。私のオブセッションはこんな形をしている。「森の生活者」のウォールデン池に面したカウンター席にいたとき、左に若桜橋が見えた。八月にめずらしい曇天の昼下がりだった。昔読んだマヤコフスキーの詩の一節が浮かんだ。たぶんネヴァ河だ。もう若くはない一人の男が橋上にいる。大雨の後だろうか、河は急流になっている。ふと見ると若い男が青ざめた顔で流されてくる。橋上の男は、それが若い日の自分だと気づく。「おお……」と心に叫ぶ。それからどうしたのだろう？　記憶の改変が多く真実はたぶんそうではない……。ともあれ流される私を橋の上の私が見る。そして、それを「森の生活者」の片隅で、クルミのベーグルを食べながら私が見ている。その三人目の私にナラティヴ・アプローチがある。

オースターのブルーのように、人は「物語」に閉じ込められる。「物語」の言葉は、既知強制をする。オブセッションのなかにあるとき、言葉と現実が齟齬《そご》をきたす場合、きまって「言葉」が正しい。まだ行われていないだけだ。知っている限り、知っているがゆえに、知りえない。現実に出合うことがない。しかし「物語」を物語る「物語」がここにあれば、この球体はドアをひらく。そう思いながら「ワイルド」のそそがれたコーヒーカップを口にはこぶ。

定有堂の店内の死角に突如あらわれる、中腰でなければくぐれない、二階へのにじり口を通り抜けながら、結川さんは、「秘密基地」の入口だ、と笑った。実は私も、いずれこの秘密基地という言葉で何かを語ろうと漠然と考えていた。しかし、ふと気づいた。すでに語り始めていることに。この小冊子の『音信不通』というタイトルの下にぶら下がっている小文字、ビオトープという言葉が、実は「秘密基地」の別の名乗りだったのだ。

『音信不通』あるいは存在と思索

定有堂書店の前史をたどると、執拗なまでの「ミニコミ」への執着と希望が目立つ。個人誌の『音信不通』(一九七三〜一九七九)、そしてそこから派生した同人誌の『定有』(一九七八〜一九八〇)。この「定有」が屋号となって一九八〇年に定有堂書店が生まれた。

「音信不通」というと、そこにあるのは「別れ」だが、でもそこから「定有堂」が始まっているのだから、このミッシングリンクはなんだろうと、ときに問われる。問われるままに第一期の『音信不通』の消息を語ってみる。

最初にあったのは「初発衝動」だ。微速度的に見ると別れに見えるが、別れはゆるやかに推移する身体性にある。一方、決断や言葉の駆動する「速度」は思考の属性だ。第一期の『音信不通』を分解してみると、初発衝動の強さ、つねに他者を必要とするがそのことが意識されていない、行動でなく思考、これだけのことだった。

本を読むということは私にとって思考することと同義だった。そしてこの思考の果ての結論は、「知っている限り、知っているがゆえに、知りえない」という一種明晰なものだった。本屋を始めるまでは、この自分にとっての「明晰さ」に拘泥《こうでい》しつづけた。

個人誌『音信不通』は少し表現を整理した「カイエ」だった。ヴァレリーの「カイエ」という形式を知ったとき、はじめて書くということのベクトルを発見した。ヴァレリーにとってそれは知のトレーニング、思索のエチュードだった。

シモーヌ・ヴェイユは自身の『カイエ』の中に、「南を向いて北の星を見る」ということを反復して記載する。その一つ直前には、「わたしたちに与えられている、互いに矛盾するもの、それらの場を、内面的に変えること」と意図を記す。これがヴェイユの「カイエ」の主題と発見だ。「毀損」という言葉が好きだった。「思考の腐食」も同様だ。思考がなぜ腐食するか。思考は自己を主語と錯覚することによって同義反復におちいり、活力を失う。思考の腐食とはそのような墜下のことだ。フォイエルバッハは言っている。

「思考と存在との真の関係は、ただ次のようでしかない。存在は主語であり、思考は述語である。思考は存在から出てくるが、存在は思考からは出てこない」(『将来の哲学の根本命題』)

「毀損」は「現在」を二重化して見る能力でもある。でもここで南を向いて結論を出す必要はない。「語り得ないもの」がここにあると思うだけでいい。語り得ないものとは意識の現在である。「わたしは答えられるものだけを問う」。これが私のかつての「明晰さ」だった。

やがてこの明晰さに「オブセッション」という言葉が折り重なる。私にとって思考はすべて本を読むところにしか始まらないので、事件はいつも「言葉」として出現する。オブセッションとは強いられて在る光のことであり、人はこの光の方に進むしかない。二重性へと毀損しても、「オブセッション」は選択しない。ただ北の星を見る。

人はすべての意味の根源であるが、そのことは、私には様々なオブセッションの交錯のようにも思える。それは、人という意味をそのオブセッションにおいて紐解《ひもと》くことに等しい。いつしか、そのような「人」が視界に立ち現れてきた。本を読む人たちだ。

そして自分の「カイエ」は書かなくなった。『音信不通』から人と共にする『定有』へと変遷していった。一人でやる場所から、一人でやっているわけではないが、一人の場所へとだ。本を読んでいたら到達した場所だったが、帰属の意識は持てなかった。

そしてオブセッションに結論を出さずにいたら、生成変化は外部からやってきた。

突然本屋を始めることとなったのだ。

第一期の『音信不通』の消息を語ってみた。第二期の『音信不通』は、オブセッションの光が年老いた私を救済するように「思索」へと導き始めた。

ブック・ビオトープ

ビオトープは、バイオ（生命）とトポス（場所）の二つの言葉を含む。主に生き物の暮らしやすい小さな空間を意味する。ごく小規模の生態系だ。生き物が単体で暮らすのでなく、共生的に影響を与え合っているというところが興味深い。

単に生態系と言わず、ビオトープと言うのは、失われやすいフラジャイルな限界性が、そこに顕著に感じられるからだ。放っておくといずれ消滅しかねない。

個性的な存在は、個性的であるがゆえに、生きることに自在でないきらいがある。強さは画一的で虚弱さには多様性がみられる。弱さの中にこそ個性の多様性がある。本が好きということを、そのような個性の多様性として思い浮かべる。

ビオトープは生き物の生態についての用語だが、結川真悟さんが、国会図書館からたくさんの資料を持ち帰ってくれた中に、「メディア・ビオトープ」という概念があった。結川さんは大きな公共のメディアで仕事をされるので、つながり合う小さなメディアに刺激を受けるのだろう。

私は、本が好きな「人のトポス」と重ね合わせ、本を媒介にするところに生まれるビオトープに、もう少し鮮明なかたちを与えようと、ブック・ビオトープという言葉をあててはめてみた。本のうしろには人がいるので、人のビオトープという物語でもある。

ブック・ビオトープという言葉は、まだ形に成り得ていない存在を語るものだから、当然辞書にはない。かわりにブッキッシュという言葉があった。本好き。書物に凝《こ》った。堅苦しい。机上の。非実際的な。書物で知っているだけ。机上の借景。そんな説明がとびだしてくる。そういえば、この『音信不通』自体が借景ならぬ「見立て」から始まろうとしている。

ビオトープにおいて、そこに一本の木があるということは大切な始まりだ。人の集まりは、とにかくやるという意思をもつ三人がい続ければ持続する。それが一本の木だ。「意思」と「見立て」

の二つが必要だ。ブッキッシュの集まりの中心には「本」という光源がある。

　本のビオトープを「秘密基地」と呼んでみよう。これも見立てだ。秘密基地は自分の好きなものだけにとり囲まれる空間だ。実際の生活の場所は雑多にすぎる。自分を見失ってしまう。だから、ブッキッシュな人間はときどき秘密基地にこもり、ここから出撃する必要がある。たとえば、空き地に土管がころがりそこに個々の秘密基地があり、ときおり顔をだして遊ぶ、という風景はもうないだろうか。そんな多孔性もビオトープの重要な要素だ。落ち込んだすき間とすき間が、でもつながりあっていた、ということだ。

　ブッキッシュという習性も、この土管のようなものだ。日が暮れればこどもたちは家に帰る。それが秘密基地なのだ。本にとりつかれるという行為も日常のなかの「孔《アナ》」のようなものだ。暮れても帰らず、この孔を突き抜ければ本屋空間がぽっかりと広がる。この光源を本屋の青空と呼んだこともある。ブッキッシュな言い方だが、天空の音楽が鳴り響いてはいないだろうか。そんな話をしたくて、天球の摂理が音楽というジョスリン・ゴドウィン『星界の音楽』を店内奥に本の表紙が見えるように面陳しているのだが、手にした人は二人だけだった。定有堂教室「シネクラブ」の講師だった福野真司さん（もともとそれが専攻）と、旅先で立ち寄ったという元税関職員の女性の音楽家だ。

『音信不通』に「買うに追いつく読書なし」と寄稿してくれた同人の浜田浩之さんと、かつてユートピアについて論じ合っていた頃があった。宮沢賢治の「ポラーノの広場」をテーマにしていた頃だろうか。浜田さんは、皆が自分の理想を主張し合い、しかも争うことがない世界、それがユートピアだと言った。……不可能だと言ったのだろうか。

個人の書棚と異なり、本屋の棚には多種多様の正義がひしめき合う。閉店後の深夜、書物たちはののしり合っているのだろうか。

そういえば定有堂の「読む会」では一度も、ののしり合いの声を耳にしたことがない。ビオトープだからだろうか。多孔性の豊かさのおかげで、ここでは実人生の衝突が何一つない。

ブック・ビオトープというフラジャイルな生態系が、かけがえのない大切なものとして本屋空間に息づく。それを本屋の青空、と呼んでみる。ブッキッシュのトポスだ。

柴田信さんのこと

二〇一六年十月十二日の夕方、岩波ブックセンターの柴田信《しん》さんの訃報が届いた。柴田さんと、公開講座「本の街・神保町を考える」に取り組んでいる、飯澤文夫さんが電話で教えてくれた。飯澤さんとは、学生の頃に、大学横断的に仲間が集まり作っていた総合雑誌でのつながりがあった。同じ時間に、携帯に石橋毅史《たけふみ》さんが連絡してくださっていた。石橋さんは『「本屋」は死なない』の著者で、定有堂のことも紹介してくださった人だ。

石橋さんは、晶文社から、柴田さんの本屋人生を追った『口笛を吹きながら本を売る』を上梓している。この本の中で、石橋さんは、私のことを柴田さんの弟子の一人、と書いてくださっている。いつも柴田さんのほうを向いて仕事をしている、という意味だ。

一九九一年、柴田さんと一面識もなかったのに、私は『ヨキミセサカエル』の出版祝賀会に参加した。地方・小出版流通センターの川上賢一さんが、案内をくださったのと、そのころ私淑していた鈴木書店の井狩春男さんが、この会だけはぜひ参加したほうがいいよ、と助言してくださったからだ。当時、見たほうがいいよ、聞いたほうがいいよと言われたことは、迷いなく足を運んでいた。

柴田さんはいつ頃から「普通の本屋」と言い出していたのだろう。還暦を過ぎた書店員の再雇用で、人件費を浮かした「シルバー書店」の構想であったように思うが、どうだろう。

しばらくして、地元鳥取で大山シンポジウムが開かれ、柴田さんの司会で話をすることとなった。川上さんと今井書店の永井伸和さんの指名だったと思う。帰りは足を伸ばしていただき、鳥取市の賀露港《かろこう》の民宿でカニ鍋を共にした。この会では、テーマとは別に、個人的にはかつての宿題であった「普通の本屋」とは何かという問いに答えることが主眼だった。

普通の本屋とは何か？　それは往来にあることだ、というのが私の回答だった。往来で始まる人との触れ合いの物語、それを「物語のある本屋」として自分の言葉で語った。

その後、とくに正面きってそんな議論を柴田さんとしたことはない。ただ、柴田さんとその盟友である永井伸和さんは、いつも一緒に、本屋を考える集いに声をかけてくださった。私はいつもお二人それぞれに、「奈良はもう終わってますから……」とお伝え下さいと告げていた。「終わっている」って何だったんだろう。「普通の本屋」とこの二つが、いまも気にかかる。

石橋さんは柴田さんのことを、その『口笛を吹きながら本を売る』の中で、あまりに普通の人だと言っている。一冊の本の主人公なのだから稀有の人であるのは疑いないのだが、評価の中心軸に石橋さんは最後まで戸惑いをかくさない。「あの人のところへ行けば何かわかる、誰か紹介してくれる人」「情報と人脈の交差点になっている人」、これが評価の核心なのだ。

定有堂によく顔出ししていた吉田恭大《やすひろ》さんという高校生がいた。彼は卒業の間際、東京へ出たら本屋でバイトをしたいと告げた。私は神保町の柴田さんの本屋、岩波ブックセンターで働けるように頼んだ。柴田さんは彼に会ってくれた。「いい青年だ。学校からだと高田馬場が近いから、芳林堂に頼んだよ」と柴田さんは結果を教えてくれた。確かに石橋さんの言う通りの人だった。人を甘えさせ、そしてけっして手を離さない。

石橋さんの本のタイトルは、『口笛を吹きながら本を売る』だ。最初私は「?」と思った。何のことだろう。「表向きは口笛を吹きながら売ろう。ということは、それを支える強い仕組みが裏側にある、ということね」と柴田さんは語っている。うまいタイトルだと気がついた。

柴田さんは二つのことを言っている。一つは本屋であることを楽しむこと。もう一つは商売としての書店。商売の目的は大きくなること、小売書店が企業として自立すること。最初の単著『ヨキミセサカエル』は、厳しく後者を説く。「店に読者を存在させる」、そのすべを執拗に語る。「基本に戻って店頭を見直す」、その基本が展開される。それもまた柴田さんが言う「普通の本屋」の要件だ。私はこの側面は苦手で、出版祝賀会のとき、なぜ井狩さんがあれほど敬意をはらうのかわからなかった。井狩さんや私は「本屋であることを楽しむ」ことが一番大事で、それ以外はまあどうでもいいことだった。二つ目は目黒にある恭文堂書店の田中淳一郎さんが実現されていると思う。「普通の本屋」が大事。すごい問題提起だと思う。誰も否定できない。その公案の答えを聞き出すために石橋さんは数年通った。「ところが柴田サンは、なかなか本題に入ろうとしなかった」「小さな、具体的な場面を話すのが好きなのだ」と聞き手はぼやく。

「本題」は実はないのかもしれない。私はそう思う。「普通の本屋」という言葉に呪縛された人のみが、「普通の本屋」という夢をみる。この夢に呪縛されているな、と感じた人間に、柴田さんは温かいまなざしを向けてくれたのだと思う。実は「解」はない、と知りながら……。

石橋さんのことを人に語るとき、「本屋の守護神」という言葉を私は使う。小さな本屋が抱く夢など、あまりに個別的過ぎて、あぶくのようなものだ。本筋の大きな出版界の動向と何の関係もない。このフラジャイルで短命な夢を、石橋さんは丹念に記録し続けている。奇跡のようなレポート「本屋な日々」もそれだ。トランスビューの支えで続く連載だ。石橋さんの眼が、本屋の夢を孤立から救い、その夢は決して一人のものではない、とつぶやく。

「普通の本屋」は主語ではないのだ。柴田さんが、「いいね」と目を細める、その述語が「普通の本屋」なのだ。柴田さんが、自分の本屋人生を石橋さんに語り残した。石橋さんが何度も何度も、「で、普通の本屋ってなんですか？」と問う。「君がいま見ているもの、これから出合おうとしているもの、それが普通の本屋、ということだよね」と、柴田さんは内心おもしろがっていたのかもしれない。

柴田さんの見てきた二つの現実、本屋であることを楽しむ、そして企業として自立すること。やがて柴田さんは、それはもうどうでもいいことだと思うようになったのかもしれない。いまここを楽しく生きることが大事、それもみんなで楽しく。本来、二つの課題の果てにあるものが、「みんなで楽しく」だったのだから。そしていままさに楽しい。公開講座「本の街・神保町を考える」の盟友、そして私の畏友飯澤文夫さんは、この境地に至った柴田さんと深い交友を楽しんできたのだと思う。二つの現実の乖離の彼方に立ったとき、柴田さんの問題は「終わった」のだと思う。

柴田さんは、いつも現在に生きていたのだ。若い仲間と話すときも、その人の年齢で考え感じていたのではないだろうか。地方・小出版流通センターの川上賢一さんが、その通信で「日本の書店員で最高齢、享年八六歳」と記したとき、一種夢から醒《さ》めるのを感じ肌寒くなった。柴田さんが見続けた、はるかな「普通の本屋」というものの生成の現場は、遠い昔のことだったのかもしれない。石橋さんの『口笛を吹きながら本を売る』が残って、本当によかったと万感の思いがわきあがった。

けものみち

「けものみち」という言葉が気になるのだがなぜだろう。ビオトープとどんな関係があるのだろう。立ち位置としてみれば、双方に共通するのはオルタナティヴ（もう一つのもの）という性格かもしれない。

本道から外れたものを、けものみちという。人の生活道路と生態系を別にした、生き物が踏みならした道のことだが、ありえたオルタナティヴの可能性として、比喩としても用いられる。ソローの世界を借りると、村（公共の場）は公道（ハイウェイ）がふくらんだものだ。公道がふくらんで公共の場ができるとき、取りこぼされていくものがある。その取りこぼされたものにこだわるとき、「けものみち」（ウォーキング）という言葉が生まれる。ソローのフィールドでいえばウォールデン池だ。けものみちがふくらむと何ができるのだろう。「市民の不服従」だろうか。

私は、けものみちのイメージをこう考える。道が左右に分かれている。この分岐点でどのような選択をするか。左でも右でもなく「真っ直ぐ《まっす》」いく。この仮構に「けものみち」がある。公道でないオルタナティヴなものだ。けものみちがふくらむとどうなるだろう。ふくらむというのは分かりにくい言葉だが、きっと小さな広場ができる。広場という言い方は、でも、けものみちにふさわしくはない。結界というのはどうだろう。真っ直ぐにいくというのは、左右の路《みち》を選ぶことによって、取りこぼされるもの、ふり落とされるものを手放さない、という決意だ。

生き物の小さな生態系の場をビオトープという。ビオトープの特性の一つに多孔性というのがある。ビオトープとは結界のことだ。いくつかの事柄が重なり、支え合うことによって成立する場だ。この場にはたくさんの孔が存在する。孔の出口はこの広場を共有している。しかし孔の内部の形や反対側の出口がもしあればだが、それは多様に異なる。反対側の出口が公道に通じるものだとすれば、こちらの孔は、けものみちに扉を接している。オルタナティヴ方向への出口なのだ。こんな二つの出口を持つ生活が可能だろうか。しかし、本を読んで暮らすというのは、そういうことだと思う。本のビオトープという言葉でつくり上げようとする広場は、そのような多孔性の風景だ。逆に言えば、そのような多孔性の風景を本のビオトープと呼んでみる。

多孔性というのは、読書がそのような性質のものであるということだ。読書は深めれば深めるほど人を孤独にする。分かるということは、自分仕様にカスタマイズしていくということだからだ。左の路を選ぶか右の路を選ぶか、この理路は説明できる。しかし真っ直ぐを選ぶということは阿吽《あうん》の呼吸であって、説明はできない。だから路を進めれば進めるほど、孤独な了解にわけ入ってしまう。この阿吽も比喩的に「けものみち」と名付けてみる。

ここで、本のビオトープとは、狭く言うことになってしまうが、本屋をめぐる話のことだ。一人一人の孔を通り抜けて、店頭へ足を運ぶ。楽しいこと、何かいいことがあると期待するから扉を押す。この何かいいこと楽しいことを、「本屋の青空」と言ってみたことがある。孔を抜けて、ビオトープに顔を出せば、青空と出合う。この青空の一つに、いまは「音信不通」と名付けてみる。趣旨は副題にあるように、本のビオトープだ。

読書を深めれば孤独も深まる、と述べた。別に悪いことではない。朝に道を聞かば夕べに死すとも可なりと古人は言う。ここには探求に値する「主題」がある。一方ビオトープの孔から顔を覗かせれば、読書のオルタナティヴに出合う。例えて言えば、本が好きだというところには、「主題」が見える。一方本が好きな人が好き、には「きっかけ」の多様性がある。きっかけというのは、何かと何かの関係性のことだ。人と人とのことで言えば「縁」という言葉になるだろうか。

人にひきつけて語れば、「けものみち」とは「人の縁」の展開だ。路の入口を同じくしても、人が必ずしも同じ出口に至るとは限らない。左右の路を選ぶのは自分だが、真っ直ぐへ、と誘うのは「人の縁」だ。あるいは一冊の書物の著者であるかもしれない。この縁と「きっかけ」とは同じことの別の言い方だ。この「きっかけ」に耳を傾け、書棚に反映していくのは、町角の本屋の仕事かもしれない。そして「主題」よりも「きっかけ」、つまり本が好きな人が好きという阿吽を重視する人たちを、「本屋的人間」と呼んでみる。けものみちに一並びする人生のオルタナティヴな何事かの物語だ。

リングワンダリング

前回、「けものみち」について書いた。小冊子『音信不通』は、けものみち界隈《かいわい》の出来事を綴るものだ、ということを語りたかったからだ。行き交うのは書物の消息だ。

飯澤文夫さんは、戸沢充則『縄文人との対話』に、藤森栄一『かもしかみち』についての考察があるよ、と教えてくれた。古い本だが幸い鳥取県立図書館に所蔵されていた。私は本屋だから、珍しいアイデアを求めて尾根伝いに散策して喜んでいるだけだが、一つのことを深めていく人たちの世界に触れ驚いた。

山の中は不思議に満ちている。『かもしかみち』の中で「リングワンダリング」という言葉を知った。人が山の中で迷い、ときに遭難する。そのありようを分析して輪形彷徨《ほうこう》という。何らかの原因で方向感覚を失う。そして無意識に円を描くように同一地点を徘徊する。

この話で興味を引くのは、意識が方向感覚を喪失したとき、無意識のうちに利き脚が歩行に偏りを生じさせ、直進しているつもりで、実は曲線歩行をしているという事実だ。

私の中にもリングワンダリングがあり、夢の中でよくたどり着く本屋がある。古い町屋のような造りだ。坂を下るK字の交差点の右側の角に位置し、二等辺三角形の敷地に建つ。入口の両側に棚が広がり、正面に番台ふうに帳場がある。棚は分類のように何かしらのまとまりを保つわけでなく、ただ一冊一冊が意味ありげに存在を輝かせている。

十八の頃、古書店が駅までのびる学舎に通っていた。まだ古書になじみがうすく、不思議な彷徨に思えた。古書店に副読本を購入に行くこともあった。教師は、古書店の主人は研究者よりも博識な場合があるので心するようにと付け加えた。古書店で学んだことは多い。

文学部だったので小説が好きだった。古書店通いの二年目くらいのとき、学生新聞の編集長だった人と親しくなった。彼は四年生で半ば引退状態で、別の活動に関わりたいということで、私とよく一緒に行動した。古本屋は通り道で、途中ふらりと寄り道するのが常だった。古書店はだいたい中央に中立ちの棚があり、私はいつも左側から入った。彼は右側。左は文学。右は社会科学。この先輩は法学部だったのだ。彼の知識が私に混入し、小説よりも批評に関心が移った。

古本屋では、すでに廃業した出版社の本にも出合うことができた。南北社の文芸批評シリーズとの出合いは大きかった。とくに秋山駿氏の本が高額だった。のちに寺小屋教室で指導を受けた。いつも酔っていた。時が篩《ふるい》にかけて評価を決める。古書店の棚はそんな篩だった。

この先輩は政治面担当で、セクトの圧力に抗《あらが》って一面を白紙で発行したこともあった。その後再会したら、なぜか文学系出版社の編集者で、著名な詩人（夫人が外国人）の本を造っていた。自社本の稲垣足穂の本をもらったこともある。

本を読むことは輪形彷徨に似ている。現実に立ち還るきっかけを見失いがちだ。路に迷い、本を読むだけの生活をしていたとき、よく夢の中でも、本を読んでいた。いつも、この一冊の本を持ち帰ることができれば、すべてが終わるという身震いに襲われていた。目覚めると記憶は消える。しかしある日、目覚めると冒頭の三行がくっきり残っていた。

リングワンダリングという言葉を知って、そんなことを思い出した。

カフェ「ドロップ」での一夜

本屋の仕事で欠かせないものに「リモデリング」がある。細胞のつくり替えのようなものだ。個性を前面に出すゆえに、小商いにはぬきがたい賞味期限がある。十年とも言われる。他人の個性の最良な部分に触れて、上書きする機会がなければ、輝きが消える。

二〇一七年三月のある日、夜七時半の閉店後、カフェ「ドロップ」で、元書店員のM・Sさんとその友人のS・Mさんに、自分がそろそろメタモルフォーゼする時期に入った、と打ち明けた。二人はいくつかの「発問」を設けてくれた。発問は問うことによって人を導く意図を持つ。その発問に向き合ってみた。

○本屋が嫌いになったことはありますか？
ないです。嫌なことをみんな拒否していたら、辿《たど》りついたところが「本屋」だったからです。

○ズバリ本のどういうところが好きですか？
学ぶことが好きです。でも本以外に学びの手立てを知りませんし、本の遠心力の同心円上の中でのみ人と出会い、そして自分が生かされ続けています。

○どんなお客さんが来ると嬉しいですか？

自分とは違う角度で関心を示す人。何か面白がっている人。未知の楽しさを本に見出《みいだ》している人の発見を取り入れることで、いつも店が自分以上に保たれます。

○出版不況と言われていますが、若い人たちが新しい書店を始めていることについて思うことはありますか？

起業としての出店はとうに頭打ちだけど、情念による出店は途絶えることがないと耳にします。後先考えずやりたいからやるというのが情念です。書店特集の雑誌は一定数売れてます。そういうことのくり返しの中で、書店が輝いているからでしょう。そして残るものが残ります。店の個性よりも、人の個性が残るのではないでしょうか。情念から始まるのは、いまここにあるものでとりかかるという、ブリコラージュの力だと思います。そしてオブセッションです。

○定有堂の読書会「読む会」の、テキストを選ぶ基準はなんですか？

入口は、濱崎洋三『伝えたいこと』の中で語られる、「大きな声でものをいう人間を信用するな」「自分のあたまで考えろ」「本を読め」の三つのヒントです。選書係の岩田直樹さんがいつもつながりのあるテキストを探されます。また、ここで会話されるようなあれこれを踏まえて、エッセイの連載をウェブサイト上に、月ごとに連載されてます。

毎年四月にはドラメリアさんが「岩田冊子」と称して紙本に一年分をとりまとめます。店頭無料配布です。

◯奈良さんが読書をするときに、お気に入りの場所やシチュエーションがあれば教えてください。

喫茶店やカフェです。あちこち居場所をかえないと落ち着きません。いつもいる「ここ」ではない空間が必要なんでしょうね。何かを払い捨てないと集中できない気質のようです。本屋的人間の人って、みなさんそうなのでは？

◯九十歳のおばあちゃんにおすすめする本は？

問題は本の内容ではなく活字の大きさではないでしょうか。

……自分の話が回りくどい、と最近しきりに反省する。なぜだろう、と思いめぐらしたら、長く生きているので、そもそもの発端にこだわりすぎる、と気づいた。自分の時間で参入することをやめ、目の前の人の時間に自然にスーッと入っていけたらいいな、と願う。そんなリモデリングへの一夜だった。

物語のない本屋

二〇一七年四月八日、二十一年ぶりに長岡義幸さんとお会いした。『物語のある本屋』で、定有堂のことをご紹介くださって以来だ。現在、雑誌『潮』で「書店を歩く」という連載が継続中。社会派的な視点で出版をテーマにレポートされている。地域の中で書店がどのように所を得ているかを丹念に探訪する仕事だ。

その連載の中で、定有堂も見てみたいという提案だった。でも取材されることに、ためらいがあった。そうした「物語」への関心が薄れてしまったからだ。

一月に、福岡のブックスキューブリックの大井実さんから、ご著書『ローカルブックストアである』をお贈りいただいた。開業準備のときに『物語のある本屋』を見て、定有堂を訪ねた、と記してあった。この「物語」という言葉が新鮮によみがえった。

長岡さんは、「物語のある本屋」は奈良さんが用いた言葉だと言う。私が、取材は別として、長岡さんに再会したいと思ったのは、その「物語のある本屋」から出発した定有堂が、今は「物語のない本屋」という言葉で考え始めている、長岡さんはどう思います？　と聞きたかったからだ。

「物語」に関心が薄れたのは、その物語が、個性派と同義だと気づいたからだ。差別化と同じ用語だ。活気のある時代だったのだ。差別化が成功体験を語るのであれば、「個性」も突出したものとして語られたはずである。

長岡さんは、「物語がない」って、どういうこと、と問う。自分でも本当のところ何が言いたいのかわからない。「縮小する本屋」でしょうか、と答えてみた。

土日しか営業しない本屋が鳥取県中部にある。平日は農作業手伝いや日雇い仕事に従事する。本屋と名乗るなら本屋だ、という原点がここにある。長岡さんにぜひ連載の締めくくりに取材して欲しいと頼んだ。

私が好んで使っていた言葉は、「本屋という物語」だと思いだした。これは成功体験と異なり、本屋的人間十人十色の名乗りに、関心を寄せるものだ。

近年、本屋がまぶしい。本屋的人間は、引いて生きる道筋に存在する。出て生きるところに「個性」があるのならば、「個性」が消えるところにはじまる「物語」に、心が魅《ひ》かれる。

「物語がない」という「物語」がある、と長岡さんは指摘する。なるほど、すると私が、心に反芻しているのは、物語を書き替えたいという思いつきなのか。

最近、「循環」を大切に思う。七転び八起きとも言う。粘り強く書き替える。それを「ナラティヴ」という言葉で考えている。セオリーの反対の言葉だ。一般性より偶然性を重視する。本屋的人間は、もともと十人十色の生き方の発見だ。本屋があるのではない、本屋という名乗りが循環を生み出しているだけだ。

長岡さんは、私がよく「本屋の青空」って言ってたよね、と言う。

棚づくりに必要なのは、「窓」を一つ作ること。棚が一目で理解できるような核となる本を面陳で立てる。それが窓を作るということだ。カテゴリーの中にあってカテゴリーを超えて見せる力がなければ「棚」は死ぬ。本屋空間で、本自体が、そこに「本」が並ぶ理由を明らかにしなければオーラが消える。それも、「窓」がある、ということなのだ。本屋空間に窓が開けば、そこにあるのは「本屋の青空」だ。「本」がよろこびであるということの啓示でもある。

「物語のない本屋」、それは名乗りに支えられた本屋だ。そんな「ものがたり」（ナラティヴ）が始まっているのだろうか？　ほかならぬこの小冊子の副題にある「本のビオトープ」がその入口だ。

そしてメインタイトルが「音信不通」。成長の物語ではなく、縮小へと書き替えられるナラティヴな「ものがたり」なのだ。

退歩推手

太極拳の用法に退歩推手がある。トイブー・トイショウと読む。歩みは後退する。でも、手は推《お》す。二つの言葉の組み合わせだが、因果関係を導入すると「技」となる。

柴田信さんが、石橋さんのインタビューで、書店人の心構えとして、「受身の踏み込み」と秘訣を明かしている。これは徳永進医師由来の生き方だそうだ。源はもっと人から人へ遡《さかのぼ》る。退くのになぜ「手」が推すのか？　実は手の位置が動じないので、押し込んでくる相手へのカウンターとなっているのだ。

変わるものと変わらないものがある。そこにどのように因果関係を導入するかに、人それぞれの生き方の軸がある。

本屋は読者の立場だから気楽だ。内面的な主張があるわけではないから、本の選択は自由だ。創り出される現場から一歩退いているので、岡目八目でよく見渡せる。動じてはならないのは、店頭の現在性、つまり自分の本屋の読者の価値判断を見失わないということだ。

五月十八日の夕方、熊本から長崎書店さんが二人でお見えになった。ご主人の長崎健一さんとは五年ぶりの再会で、齊藤仁昭さんは初対面。齊藤さんが一時間ほど先に到着し、あいさつを交わした。気になる著者の話を始めたら、他人ではないな、とうれしくなった。観念性の広がりを見たからだ。最近私が気にしている作家の、気になる理由も、すぐに通じ合った。ストーリーよりも文体に重きをおいた作風がいいよね、という共通理解だ。

定有堂は、よく棚の見出しが意味不明だと言われる。それも齊藤さんは、面白い、と評価してくれた。本の並びのストーリー性とかかわりなしに、見出しが命名されているのだ。「文体」が問題なのだ。齊藤さんは音楽が好きなので、後知恵だが、棚の本が旋律だとしたら、見出しは和音のようなものだ、と言ってもよかった。

齊藤さんは、書店の仕事は一年目だが、長崎書店の人文書を担う期待の人材なのだ。一期一会、何か一つ大切なことを伝え残さねばと思った。

本当に大切なことは実はつまらないことだ。大きな物語には汎用性がある。だが狭い現場の一点突破力のような口伝《くでん》には汎用性がない。だがその積み重ねが町の本屋の雑草力なのだ。「齊藤さん、人はよく、どの本が売れますか？　と聞くけど、本当はどの本が長い期間置いても送り返せるか、と知るのも大事ですよね」と場所を移したカフェ・ドロップで話題にした。

店頭にどんな良書を集めるかを工夫しているのに、「え？」と感じたかもしれないが、そばにいた、キャリアの長い長﨑さんは、深くうなずいた。

選ばれる本がある。その一方で選ばれなかった本がある。それは書物の優劣では決してない。本屋は読者の判断には一歩退いて関わらない。でも読者と交差する「知」の現在地点は手放さない。この一点に本屋の生命線がある。

新しい価値観を示してくれる本がぞくぞく生まれる。そのためには、役割を終えた本は店頭から退く必要がある。本の流通の大原則は、一定期間を過ぎたら故郷（版元）に送り返せない、というルールだ。でも寛容な故郷（版元）もある。読者との出合いを気長に提供したい版元だ。狭い職人仕事の口伝でいうならば、本屋の専門性を一つ挙げるなら、そのグラデーションを知ること、とする人もいる。私に一を教えてくれた人の記憶だ。

受け身の踏込み、退歩推手、本屋の仕事の根幹を一期一会の思いで伝えてみたが、齊藤さん、どうでしょう？　生き延びるための根幹だと思うのですが……。小さな物語の入口です。

サウンドバイト

筑紫哲也さんの『ニュースキャスター』で、「サウンドバイト」という言葉を知った。文化の中心に「ことば」があるという文脈のなかで語られる。ごく短い音声として使いやすい素材で、とくにテレビなど限られた秒数の下で視聴者を引き付けてくれる言葉だ。昔、野の花診療所主催のイベントで、会場に本を販売しに行った。思いがけなく打ち上げの夕食会にも招かれた。本には金色のサインが入っている。最近ふと読み返し、この言葉に出くわした。

一週間ほど前、茨城から見えたという方が、店内で写真を撮ってもいいだろうか、と声をかけてこられた。「いいですよ、でもどうしてですか?」と尋ねた。「棚についてる見出しのようなものが気になって……」という返事だった。美術館の館長さんだった。

この質問はときどき受ける。昨日も、取材で見えた雑誌『ＰＯＰＥＹＥ』の山口淳さんに、面陳になっている網野善彦の『日本の歴史をよみなおす（全）ワイド版』の下に「あきらめる」とあるけど、と質問された。「農業民中心史観を諦めれば、明らめられるものがあるのでは?」と応じた。本当だろうか?　この「ことば」からのディスタンス（距離）を埋めるのは、一人一人の「こころ」の自由だ。

「ことば」と、指し示されるものが、固く結びついている必要はないのではないか、とだんだん思えてきた。そう思うと何か豊かになるような気がする。

本屋の棚は、探すものではない。自分が何かを見つけるのではなく、本が自分を見つけてくれるのを待つ。目的の一冊を探しにくる人にとって、本屋の空間はとても狭い。でも、ときに、二時間三時間と、時間の過ぎるのを忘れる人もいる。どうしてそんなことが可能なのだろう?　本屋空間で、「ことば」は、「もの」に貼りついたものではなく、逆にその距離を拡張する。

書棚につけられた短い言葉は、「サウンドバイト」かもしれない。少なくとも案内標識ではない。本屋の棚づくりの仕事は、本当は自分でもよくわからない情熱で積み上げられている。「センス」

の注ぎ込みとでもいうのだろうか。店頭に展開するものは「ことば」へのもたれかけの集積だ。棚にひたすら思いを刻む。そんなことをどう言い表せばいいのだろう、と日頃思っていたら、サウンドバイトという言葉に出合った、というのがことの順序だ。

短いエッセイを読んでいて、引き込まれ、ふと気がついたら、「百年過ぎた」のでは？ と錯覚したことがある。一つ一つの言葉がきっかけとなり、アナロジー（類推）が全開になったからだ。「世界は言葉でできている」というのは言い過ぎかもしれないが、本屋空間は言葉でできている。「ふとわれに返る」という言葉も一角にある。役に立つ本を探しに店頭へ訪れる。でも時の狭間に陥り、われに返る。人生のリセットが始まるかもしれない。人は定められたストーリーに支配されがちだ。本屋の中にはアナロジーの力が満ち溢れている。

例えば「一冊の本の衝撃」という言葉も一角にある。本屋の仕事にオリジナルはない。みんな自分の感動した出合いの積み重ねだ。二十年ほど前に出合い、今も忘れられない言葉だ。そんな「ことば」が、店内に「窓」をつくる。その向こうにあるのは「本屋の青空」だ。

本屋空間はビオトープだから、とくにルールもなく「ことば」が雑踏《ざっとう》する。狸の置物を据えた祠《ほこら》のような棚もある。「やかましやの女主人」の読書予定の棚だ。そんなならこんなのはどうだ？ 少し長いけど……、と一言主張する。「好きなことだけして、小さくなって、懐手して暮らせぬものか」と。どこかのページで出合ったらしい。うーん、サウンド・アートかもしれない。

閉じる物語

相国寺に伝わる宗達様式の六曲一双に「蔦《つた》の細道図屏風《びょうぶ》」というのがある。業平《なりひら》東下りの道中図で、壮大な装飾空間が展開される。文字が垂下した蔦の葉があり、小さく細字で人の姿も一つ添えられる。趣向のありどころは、この平面が、左右でつながる風景だ、と気づくところにある。その刹那、画中の人となる。

閉じた空間、閉じた時間が、なぜ必要以上に無限の時空を感じさせるのだろう。

近頃、テッド・チャンの『あなたの人生の物語』というＳＦ短編集を手にして、この思いがよみがえった。この書物の中心に灯る言葉は、さらにもう一歩先へと誘《いざな》う。

「未来を知るという経験がひとを変える」

閉じた空間とそうでない空間では時間の流れが変容する。ここしばらく、この想念が離れない。一つの言葉が念頭から去らないという経験はしばしばある。自分ではこの現象を「オブセッション」と呼んでいる。観念の固着だ。かつて自主講座「寺小屋教室」で師事した柳父《やなぶ》章さん（翻訳論）は、言語の成立上それは不思議なことではないと教えてくれた（外来語のもつ既知強制）。「ものを考えるということの働きは、ことばを組み立て、文を作っていくという工夫のうちにある」と『現代日本語の発見』に言う。構文にはめ込まれる言葉が異様に強すぎるとも指摘した（カセット効果）。思考とは「ことば」なのだ。だから、覚醒はいつも「ことば」で訪れてくる。屏風とチャンの物語から受けとるのは、世界が閉じていることと、人生が閉じていることは通底しているのではないか、という想いだった。

未来を知ることは可能なのか。宇宙がもし終焉し閉じているのなら、過去も未来もひと続きのものだ。業平の道中図のように。

チャンは似たような例をあげる。「円筒印章」というものがある。筒状の印章で、転がすと長方形の図を刻む。左右の端は当然隔たることとなる。しかし筒状の姿で見れば、両端は境なく接している。図を長方形として見るか、円筒として見るか。ここに「両義性」があり、どちらを採るかは「文脈」理解の違い、ということになる。図の途上にある者は、この世界が実は閉じていることを知りえない。もし、涯《は》てを垣間見ることができれば、この世界は「両義的」だということに気づくだろう。

チャンはもう一つ、光の屈折を語る。光が空気中から水中に入る。このとき屈折現象が起こる。因果律的に考えれば、強い抵抗と出合うので光は曲がる。目的論的に考えれば、光は本来二点間で可能な最速のルートをとる。ここにも両義性が現れるのだが、人間という生命は、因果律になじむ。なぜなら、線形に展開する言語学的特性のもとにあるからだ。

最速のルートを進む。それを可能とするには、最初と最終の状態を知っていなくてはならない（途中の情報も）。「原因が発生するまえに結果に関する知識が必要となる」とチャンはいう。言語学的に言えば、そこに意味図示文字言語がある。言語がそうであれば思考も同時的認識様式となる。人間という生命は継起的（因果律的）な言語を獲得し、逐次的認識様式で思考する。もう一つの生命は、意味図示文字体系の言語を獲得し、同時的認識様式（目的の知覚）の思考に至る。

長方形の図の中の経験則で思考するか、円筒形の経験則で思考するかの違いが、ここでは語られているのだ。私たちは一枚の図の中で継起的な言語特性のもとに思考する。しかし、このオルタナティヴな存在（涯てから来た存在）に出合い、両義性が世界にひそむと知ればどうだろう？　この場所で「物語」が生成する。物語は結末と発端を知り得たときに生成するのだ。

本屋的人間そしてオブセッション

店頭で時折り声をかけられる。多くは遠方から来る人たちだ。だから、第一印象なのだろう。

「天井から吊り下がったものがあちこちあるけど……?」

「細やかな品揃えですね……」

好意的に訊ねられているのだが、いまだきちんと答えられたことがない。

実はとくに理由はないのだ。説明がつかないのだけど、それが一貫した「仕事」の手立てとなっている。理由はないけど反復し、いつの間にかそんな遣《や》り方が身になじむ。それをオブセッションと呼びならわしている。

本が好き、本の居る場所が好き、この性向を「本屋的人間」と名づけるが、その性向とオブセッション（固定観念）は同義なのだ。

そんな話を「やかましやの女主人」にすると、「チュリゲレスコ」と言う。スペインを中心としたバロック末期の建築や美術の様式で、装飾過剰を特性とするらしい。

なるほど、唯一神を信頼することに自信がないのだろうか、埋め込むように周辺を固めてしまう。神を持ち出すまでもなく、単に「空間恐怖」という説明もできる。子どもに絵を描かせると画面を隙間なく埋めつくす。何もない空間をおそれる、という方向の考え方だ。

私は、チラシやポスターを作るとき印刷所の手になるものを好まない。これも説明しにくいことだが、「たくさん刷られたもの」の気配が嫌いなのだ。完全に整った姿を目にすると、行いが何か違うものに回収されているような気がする。ややこしく言わなくても、手づくりが好き、手づくりでないものは嫌い、と言えばいいのだが、それだけではない、とも思いたい。何かが足りないのだ。

本屋的人間は、何かを創り出すことよりも、二次的に活かすことを好む。あえてクリエイティヴな仕事だというなら、物と物との相互作用、相乗効果を創り出すところにそれは成立する。

これも好意的に言ってもらっているのだが、実際は在庫冊数はそんなに多くないのだが、本がたくさんあるように見えるね、と声をかけられる。

本が少ないけど、本がたくさんあるように見える。どういうことだろうか？　逆に言うと、本がたくさんあるのに、森羅万象と感じられないのはなぜか。本と本とが相乗的に生み出す何かが存在しない、ということだろう。本と本があるだけではだめで、何かを足さなくてはならない。そう信じるところに、本屋のオブセッションがある。

本屋には唯一神は存在しない。しかし本に憑《つ》かれて引き寄せられる何かがある。この空白を、空白のままにかたどるとしたら、周囲を埋めつくすしかない。それが本屋のチュリゲレスコなのだ。

埋めつくす素材は何か？　この空間への恐怖が本屋の衝動なので、日頃目に留まるものも、この素材意識に引き寄せられたものだ。美術カレンダーは捨てない、フリーマーケットでは、空間を埋める素材になる雑誌や写真集を拾い集める。

これが店内空間の物語だ。品揃えの「細やかさ」も、唯一神の不在と、同一のオブセッションだ。「本」と「本」が並んでいるだけでは、そこに語りかける「力」は生じない。力は「つながり」と「方向」の拮抗の上に成立する。本と本をつなげるものは「言葉」だ。棚板に添えてある脈絡のない言葉がそうだ。脈絡がないのは、唯一神が存在しないがゆえだ。書き添えて可視化するものと、見えないが本と本との間に「言葉」が立ち上がる気配もただよう。

でも逆説的だが、本屋空間がベクトルとして開示されるのは、実は「なくてもいいんだ」という引き算の方向が示されたときだ。狭い空間に「世界」が立ち現れる、その現れ方は、外延的なものでなく、内包的な方向に進む。

わかりにくい話だが、オブセッションとはそういう自己言及的なものなのだ。

本を読む夢

夢の中で本を読む。寝床で本を読んでいるとそのまま眠り込んでしまうことがある。残像がしばらく続くのだろうか、自分が寝ていることに気がつかず、一ページほど読み進んでいることがある。

ときに漠然と数行が記憶に残り、覚醒して本と照合することがある。むろんまったく違っている。夢の中で続きを読んだのでなく、読んだ夢を見たに過ぎない。

でも、何かしら得しているような気がして、うれしいことと心に秘めていた。夢の中の良いことは、口にするものでない、と耳にした記憶がある。

この自分の秘め事は口にせず、なにかの弾みで、ある人に尋ねた。

「夢の中で本を読むことってあるのかな?」

「ありますよ」との返事だった。四部作として構想された小説の作者が二作目で亡くなった。この続きを夢の中で読んだということだった。恋愛が成就するという展開で、安心したとのことだった。

私の場合は、ほんの数行で、向こうは二冊だから、これはボリューム感で負けている、と思い少しがっかりした。量的に負けたのも残念だったが、誰でも同じような心の働きを持っているということに、考えてみればあたり前だが、自分のうれしさが色あせるようにも感じた。

ところで、現実の書物と夢で読む書物は、どのように異なるのだろう。夢で読む、と言うとき、夢物語という話の道すじではなく、文字通り夢の中で活字を目にする、ということを言っている。

昔、夢の中に出てくる「ハシゴ」がこわい、と言う人がいた。四角い三角という言葉が像を描けないように、夢の中の「ハシゴ」もイメージできない。「ハシゴ」がこわい、と言われてもわからないが、こわいのが「ハシゴ」の形をしている、と言われれば、これは少しわかる。「ハシゴ」はどうでもいいのであって、「こわい」のがすべてだ。

それと夢の中の「書物」がどのように関係するのだろう、自分でもだんだんわからなくなってきた。正確に言うと、夢の中に登場するのは文字列であって、本の形をしているわけではない。むしろ「ハシゴ」に似るというべきか。

　木下清一郎『心の起源』が品切れになったようだ、と述べたことがある。電子書籍では入手できることにたまたま気づき、購入した。私は本に傍線を引かないと読めない。ボルダリングのように、そこを足場にしないと先へ進めない。記憶力と理解力が弱いので、後でその部分をノートに抜き出す。電子書籍だと、黄色でマーカーをつけ（ハイライト化）、「ノート」を選択すると、ハイライトだけ抜き出される。この仕組みが面白いので、最近よく人にもすすめている千野帽子『人はなぜ物語を求めるのか』も、さらに電子書籍で購入した。最終的に傍線部分だけ抜き出すので、夢の中で出合う文字列のようにも思える。「ハシゴ」と見なせなくもない。

　実は、順序が逆で、タブレットで電子書籍をスワイプしながら、「夢の中の文字列」を思い起こしたのだ。

　二十代の頃、夢の中の文字列を持ち帰れたら、その一冊でこと足りるという考えに、強迫的にとらわれた。自分の「学び」に疲れていたのだ。自分で考えなくても、すべてがここにあるではないかと戦慄した。何かを終わらせたかったのかもしれない。ある日、一行だけ持ち帰れた。後は自分でつないで造形した。こんな形をしていた。

　ししなしゅ……し　／　かなこで　てのる　／　はなにしる　にれの　／　識《しき》の分界けも綜言《そうげん》
ふ　／　これ定めてあをとは表《おもて》　とおく（中略）／　どれんと　はんぱ　／　ししなしゅ……
し
（第一期『音信不通』七号より「どるんて」）

　これが私の意識の涯てだった。

残されない探検記

地方出版物の展示と、その年の秀作に賞を与える「ブックインとっとり」が、二〇一七年十一月下旬に鳥取市で開催された。終了翌日、早朝に地方・小出版流通センターの川上賢一社長をホテルに迎えに行き、そのまま空港へ向かい、途中の服部珈琲工房でモーニングをご一緒した。

とても久しぶりで、お互い、これが最後かもしれないねと口にする。『音信不通』の話が出て、「相変わらず、人に伝えようという気がないね」と笑いながら言われた。

むろん、私の文章についてだけの感想だ。「伝えない」というのが私の個性で、「変わらないね」というのは肯定してくれてる、と勝手に思いうれしかった。川上さんは、地方出版物の存続の場所に身体を張るという生き方をしている。いつも真剣勝負で、気も短い。私の進む道筋を指し示してくれる人なので、緊張する。

十七年前に、ちょうど書店が試行的にウェブサイトを立ち上げ始めていた頃、ある著名な街の本屋がいちはやくサイトを作り、世間の注目を集めた。百数十万かかったと聞いて、とてもまぶしく感じた。そこにエッセイを書かないかと声をかけられた。とてもうれしくて、すぐに寄稿した。直後川上さんから連絡が入り、叱られた。自分を見失っている、という意味のはげしい叱咤だった。叱られて、なぜかうれしかった。だから、一回だけで書くのはやめた。反省して、勘違いだったかもしれないが、ウェブサイトを作っている二人の人に教わり、工夫して自分のサイトを作った。川上さんの方に向いた仕事だった。「伝えなくていい」と、これもまた勘違いしてるのかもしれないが、十六回目の『音信不通』を作った時点で、妙に納得してしまった。

私にとっての『音信不通』は、ある意味で古賀啓三さんに向けて語り続けるものだ。その啓三さんは、アメリカに渡り、本来絵画を描いていたのだが、いつの頃からか「言葉」の方へ関心が移っていったようだ。私は自分のことにしか興味を持てない人間なので、人の書いたものを理解することが得意でない。いくつかの創作を見せてもらうのだが、うまく感想を言えない。わが家の「やかましやの女主人」に見せると、「いつも『愛人』と『賢い女』が出てくる」と批評する。啓三さんからみて、これは核心をついているらしい。私は実は感じる（共振する）ところが直截《ちょくせつ》すぎ、結構の部分が消え去って、結構の分析ができない、ということなのかもしれない。

啓三さんから、こんなメールが来た。「そういえば、高校生のとき、荻窪の喫茶店『光』に連れて行っていただき（いや、ひょっとしたら僕がご案内したのかも……）、これらのものは読まれるべきだ、というリストを、その場で手書きでいただき、そのひとつがランボオの『地獄の季節』だったように記憶しています」と。文学に無関心な私をなじるように、記憶を甦《よみがえ》らせてくれた。

返事に、「そういえば、二十年くらい前に、ある出版社のサイトに二年ほど連載していたとき、魔がさしてランボオの話を書いたら、原稿が没になり書き直させられた」と記した。「奈良さんに求めているものはそんなことではない」という理由だった。

それから「伝えない」という書き方を自覚するようになった。今なら自己言及にしか興味がないと言葉にすることができる。道を誤っているかな、という不安もあったが、川上さんに「相変わらず伝えようという気がないね」と言われて、「それが私」なんだと安心できた。

啓三さんには、「ランボオはアラビアに渡って武器商人になったらしいが、私はまともに本を売っている」と書き添えた。

ランボオは、残されなかった「探検記」が、何かしらいいものだ、と言っていたようにも思う。『音信不通』って、そんなことだったのだろうか。

第二章

「普通」の本屋

石橋毅史さんに学ぶ

石橋毅史さんが大阪・神戸でのお仕事のついでに、二〇一七年十二月十八日から一泊で鳥取市まで足を延ばしてくださった。石橋さんは出版ジャーナリストで、現在、『東京新聞』で連載中の「本屋がアジアをつなぐ」が注目を集めている。出版業界紙『新文化』の元編集長で、本屋の動向を見守る取組みを続けている。対象に寄り添う姿勢が鮮明で、私は「本屋の守護神」とあがめている。

十月末に地方・小出版流通センターの川上賢一さんがお見えになったとき、「こうしてお茶するのもこれが最後だね」と二人で交わしたのを耳にされ、案じてお訪ねくださった。その心の優しさをうれしく思った。しかし、出版流通の転変の中に身を置く二人の、エールの交わしあい以外ではなかった。

『音信不通』を始めるとき、準備運動として、私は石橋さんの文章を原稿用紙百枚に書き写す決意をした。「伝える文章」として、最高に完成していると思えたからだ。正確・平易・簡潔という文章作法の要求にかなっているお手本と見えた。でも、小冊子をスタートしてみると、お手本通りにいかなかった。

定有堂の棚づくりを思い起こした。

「分かりやすい」棚でないのが定有堂の個性だ。一番の理由は、小さな本屋なので、棚を動的に保たねばならないからだ。石橋さんの「分かりやすい文章」を模倣できなかったのは、『音信不通』には千六百字で書くという制約を設けたからだ。そうした結果気づいたのだが、文章に「飛躍」が多くなる。また同根でもあるのだが、「言葉」を支えとして考えを紡《つむ》ぐようになる。これは石橋さんの禁じ手とするところであって、「伝える文章」の許さないところだ。

定有堂の棚は「分類」を嫌う。狭い店内で分類をきっちりやると、ガランとした雰囲気となる。でも本が雑然と肩を並べるだけでは、あまりに工夫のない本屋となる。そこで言葉で締める。棚のあちこちで「棚フレーズ」がささやきを交わす。

「記憶は重荷ですから……」「妙にわかってしまってはいけない」「好きなことだけして、小さくなって、懐手して暮らせぬものか」「結果を左右できないことにコミットしない」「地図と土地とは違う」「存在を遊戯に変える」「過剰反応をやめる」「存在は言葉に縛られる」などだ。自分ではこの行為を「本のチャンク化」と呼んでいる。人が知覚するときの「情報のまとめ」のことだ。「石橋さんの文章を書写したんですけど……」と言い訳したけど、こんな闇に囚《とら》われている私だった。

石橋さんと服部珈琲工房で話していると、「街の本屋っていつ誰が言い始めたのだろう?」と疑問がわいた。ふと思い出したのだが、リクルートが刊行していた『AGGRE（あぐれ）』という雑誌に、一九九五年から九六年の終刊号まで「町の本屋という物語」という連載をしていた。ここでは「町」だ。今は「街」を使っている。町は町内というように「つながり」を含む。街は街角というように風景的なものだ。本屋を動的に語るときに「まち」という枕をつけたいのだが、どうも居心地がよくない。

ただ、私には明確な区切りがある。それは柴田信さんとの出会いだ。岩波ブックセンターは神保町という本の街の中心にある。この場所で「街の本屋」と柴田さんは言う。町の本屋というのは「周辺」そして「古層的」な立ち位置と自覚していたが、柴田さんの「街の本屋」という名乗りは、私には衝撃だった。ナショナルチェーンは街の本屋とは言わない。街の本屋には独立系という意味もある。また個性的という見方もできる。身の丈の絞り方は様々だが、自分の得意を凝縮し、「身の丈」を創出する。「普通の本屋」とともに、これが柴田信さんの発見だ。

江戸文学に「長屋長者」というのがあった。大金を持っているのに、一軒家に居を構えず長屋に暮らす男がいる。「なぜこんな狭いところにいるんだ？」と問われ、「金持ちは溢れているが、長屋に住む金持ちは希少価値だ」という落ちだった。

石橋さんと共に敬愛する、柴田信さんの思い出が、おのずと話題を温めたのだった。

シンクロニシティ

「関係の絶対性」という言葉は、長く思考のフレームワークとなっている。時代を主導したキーワードだ。

本屋で考えると、本を読む人と本を売る人が共創的に形成する空間のあり方だ。その関係性が「町」であり、「町の本屋」もそこにある。

人文書も関係性の強い本だ。本を読む人の確信が狭くなるにつれて、本屋の品揃えも狭く深くなる。人文書が、「町」（在野）でどのように手にされるのかという問いのもとに、昨年「人文会ニュース」に寄稿を求められた。人文書専門の出版社の集まりの機関誌だ。「学び系」の本屋ですから、とこたえた。

「町の本屋」定有堂が、鳥取市の若桜橋の北詰で築く「関係」が、「学び系」と気づいたからだ。本屋サークルの定有堂教室は、初期の講師によって「町の寺子屋」と呼ばれた。また「読む会」を始めた別の講師は「市井《しせい》の」という言葉を用いた。「町」「市井」「往来」の中で共有される物事の理解は、有効半径の狭いものだが、生活に根差しているがゆえにかけがえのないものだ。

「学び系」というのは外延性のものでなく、内縁性のものという意味で用いる。畢竟《ひっきょう》するに自分一個がどのような確信をもって生きるかだ。でも逆に自分が自分であるというのも一つの闇だ。光を求めるとしたら「自分でないもの」に出合う必要がある。私の場合、「学び」とはそんな自己からの離脱でしかない。

自分でないものを求めて、先日は古書店に行った。本に呼ばれるようにして二冊手にした。丸山圭三郎『言葉と無意識』と頼住光子『正法眼蔵入門』だった。市井の「学び」は本質的にシンクロニシティに基づくことが多い。「似ている」という直感で因果関係を持ち込むものだ。生活者にはなじみ深い引き合い（共時性）の感覚だ。さして意味なく買ったつもりだったが、定有堂に戻ると、懇意にしていただいている禅僧の方がおいでになったので、こんなの見つけました、と包みから出した。「これ勉強になりますか？」と尋ねたら、「いい本見つけたね。……でも定有堂にその本あるよ」と言われた。うっかりだった。

いい本だね、といわれた「眼蔵」の巻末資料には、その方が講談社の『本』に九年にわたって連載された「『眼蔵』をよむ」も挙げられていた。そういえばこの連載の間、ＰＲ誌『本』を出版社から数十冊寄贈していただいていたのだった。連載が終わったら、ぴたりと配本が止まった。よく目が行き届いているのにびっくりした。

市井の身近な学びのひとつに、木下清一郎『心の起源』がある。「必ずや滅び去るべき生物体のなかに、滅びることを肯《が》じ《えん》ない心が生まれ、しかも心自身がそれを知ってしまった」（木下清一郎）という問題がある。「死」が悲しい、ということだ。手にした「眼蔵」には、入門者向けもあって簡潔に「仏教における真理の体得とは、『空』の体得に他ならない」とあった。

自分の解釈だから間違っているのだろうが、こんなことを考えた。「生きているのに死ぬ」のはいやだな、という気持ちがある。しかし、「空」というのは、この「生」と「死」の述語関係を否定する。「生」と「死」はそれぞれ別の立ち現れ方であって、脈絡関係、つまり因果関係はない。パラグラフ（文脈）は、入れ替え可能なのだ。本当だろうか。『言葉と無意識』は「アナグラム」について述べられた本だった。言葉を並び替えて異なる意味を見出《みいだ》す遊びだ。ここでは、龍樹《りゆうじゆ》の『中論』にソシュールの先取りがあり、「すべての事象は関係によってのみ存在する」と同じようなことが語られる。

禅僧の宮川敬之さんの座禅堂を二、三回訪ねたことがある。座って何を考えればいいですか？と質問したら、「何も考えない」と言われてびっくりした。そうか瞑想しないのか。「生」と「死」の因果関係がアナグラムとなって逆転（異化）するのを、じっと待つことなのだろうか。

柳父章さんのこと

枕頭《ちんとう》の「がらくた箱」には、タブレットの充電器などとともに文庫本が二冊転がっている。塚本虎二訳『新約聖書　使徒のはたらき』と柳父章『翻訳の思想』だ。何となく関心がこのあたりから離れられない。

柳父章さんには、二十代に「寺小屋教室」という自主講座で師事するところがあった。柳父さんは「翻訳論」という分野を切り開いた人で、私は柳父さんを入口として「言葉」に興味を持った。

今年の年賀状に、「時代が過ぎますね！　お元気で　章」と書き添えてあった。心の中で、ご本を読み続けています、と応じた。二〇一八年二月二日の『朝日新聞』に訃報があった。八十九歳、一月二日死去とあった。十数年前にすでに墓地を購入されており写真も拝見した。著作者の人たちの霊園だった。そこで眠られるのだと思った。生涯独り暮らしだった。考え続けることだけを選択した人生だった。京都で一緒に書店めぐりをしたこともあり、学者の視点で棚を見る目に立ち会ったのが、新鮮で貴重な体験だった。

中心的な著書は法政大学出版局から十一点出ている。担当者とのご縁で、定有堂には昔から「叢書・ウニベルシタス」が欠けることなく入荷してくる。

「寺小屋教室」の出版部からは、『現代日本語の発見』が刊行されている。この出版部は、のちに「光芒社」へと発展したが、いまはもうない。高校教科書やＮＨＫ講座に発表したものが中心で、一般向けなので、私にはなじみ深い。

「ものを考えるということの働きは、ことばを組み立て、文を作っていくという工夫のうちにある」（『現代日本語の発見』）

一言でいえば、「ことば」「文」「思考」に油断するな、ということだ。

岩波新書の『翻訳語成立事情』は広く読まれた本だが、刊行時、定有堂教室「読む会」の主催で講演会にお招きしたこともある。「ことば」を翻訳するのだが、日本に存在しない概念を担った言葉をどう翻訳するのか？　という問いが出発点となる。似たような語でも、翻訳元の言葉と翻訳先の言葉の概念は一部しか重ならない。

要は、ここに勘違いの源がある、ということだ。このズレが社会レベルになると大変なことになる。戦後民主主義の理念のもとに育った世代は、理念と現実の相克に悩んだ。相反するとき、どちらに付くか？　むろん理念しかない。するとどうなるか？　何かが軋《きし》む。この行きづまりから生まれたものがカウンターカルチャー（対抗文化）の一つだという見方もできる。翻訳語、例えば「理念」とかは、実は空っぽでも、なにか崇高な感じがする。柳父章さんはこの仕組みを「カセット効果」と命名した。宝石箱効果だ。きっとこれだけ外見が美しいのだから、中身はもっとすばらしい。でも空かもしれない……。

最初は「ことば」中心の考察だったが、「文」での考察も進む。二〇〇四年の『近代日本語の思想』に緻密だ。

夏目漱石の『吾輩は猫である』は画期的だという。「～は……である」というこの構文は、明治三十八年当時、まだ現れたばかりの文体だったと指摘する。三上章が述べたように、「が」が未知を受けるのに対して「は」は既知のものを受ける。これが日本語の自然な流れだ。この「は」の前に、まだ日本人になじみのない、「自由」とか「平等」が置かれたらどうなるか？　柳父さんは、「既知強制」が発生するという。「そこから展開される論理は、既知から未知へと、一方的に天下ってくる、演繹的な論理である」。論理的というのは、西洋語の名詞中心、主語中心の構文のことなのだが、じつはこの「主語」が宝石箱で空っぽなのだという。

三人称の主語「彼」が最も怪しい。小説で出てくる場合、彼は特別な人物なのだ。「西洋近代から教えられた知識や生き方を実際に行おうとして、結果として孤立し、不幸になっていく特別な人間、近代日本の知識人である」という。もともと日本の土壌に根は存在しないのだ。神棚は空っぽなのだ。

状況の閉塞を「ことば」そして「文」に立ち還って思索し続けたのが、柳父章さんの仕事だ。

柳父章さんが桃山学院大学教授のとき、一緒に吉野山に登った。健脚で、それは我流ヨガのおかげと得意だった。午前中にステーキを食べ、午後はほとんど食べない、頭脳の集中を第一とするから、とも語った。生活はとても簡素だった。一人でいて、さびしくない人だった。

木を見る、森を見る

私見にすぎないが、本屋的人間は二重性を併《あわ》せ持つのを資質とする。飽きやすく、粘着質。木を見ているかと思うと森を見ている。でもこの二つが見える場所からは、外へ出ない。

定有堂の売り場には久しく、新刊の雑誌よりもバックナンバーの方が多い。森を見るより木を見よう、とある日心変わりがしたからだ。好きな特集だけをコツコツ残す。あれこれの広がりには欠けるが、時間の蓄積が広がる。

興味を持った編集者の方が、「どうして思いついたの?」と尋ねた後に、二つの視点にまとめてくれた。一つは「土に埋めた発酵商品」、もう一つは「遅れて売る」だった。

本屋的人間は、つねに自分の居場所を少しずつ動かさなければならない。あたかも地球の両極が移動しているかのように、それにつれて、もぞもぞ針先を修正する。森に競争が顕著なときは、木を選んでその下を動かない。「埋める」「遅れる」もそんな選択の一つだ。

前に、雑草は自分の得意を活かせる場所を知っている、と教えてくれる本を読んだ。雑草の物語とは、どうも得手に帆を掲げる、ということに尽きるもののようだ。本のビオトープも、つまるところそんな場所をめぐっての物語だ。

去年の暮れあたり、文庫の新刊がせっかくきっちり入っているのに、売れていない事実に気がついた。何かが終わっている予感がした。森のかたちがいつの間にか変化している、と感じた。実は変化のなさに自分が飽きて、磁極を動かしてみようとしたのかもしれない。

二月に入って、ちくま文庫を中心に、手当たり次第に各社文庫目録に目を通し、「土に埋め発酵している」タイトルを掘り起こした。「雑草文庫」とでも名付けてもよかったのだが、でも本気になってはいけないと戒める気持ちもあった。一方、名のある草花本は、パイインターナショナルを中心としたアート本だ。例えばジミー・ネルソン『彼らがいなくなる前に』のような写真集が耳目を集める。また必須なのは人文書だ。少数だが、この「木」の足回りを踏み固めてくれる大切な人々がいる。現代社会に直結するもの、また原理原則を究める哲学の本も欠かせない木の実の一つだ。

雑草文庫は、森の記憶だ。長年の勘で、昔売れていた銘柄を拾い起こしているだけだが、品切れ絶版にならずによく生き続けているなと驚く。土壌ならぬ文庫目録に記憶として久しく埋もれ、発酵のときを急ぐこともなく、雌伏している。時々の文脈から解き放ち、内容よりもレイアウト・デザイナーの解釈を重視して、すべて表紙を見せて展示する。棚ざしでないから、グループで何かを主張する必要もない。きっと文庫本たちも、まとまることに飽き飽きしているはずだ。

ふと気づくと、店内各所にビオトープが生まれていた。脈絡もなく根拠もなく、思いがけないところに棚田の一つのように、表紙を見せて息づいている。

小さな本屋の暮らしで飽きないためには、どのようにして本の森羅万象という気配を醸《かも》し出すかに工夫する。逆にいうと森羅万象でなければ飽きてしまう。どんな工夫があり得るだろう。空間の広がりは、はなから期待できない。なにか別の工夫がいる。実際に冊数が多いわけではないから、錯視の応用はどうだろう。エドガー・ルビンに有名な「隠れた顔と杯」がある。同時に両者を見ることができないところが肝《きも》だ。ネッカーの立方体というのもある。一つの図の中に違った立方体が交互に見える。本屋の現場でいえるのは、不易と流行のモザイク模様が、森羅万象と関わり合いがある、ということだ。どちらも大事だが、ゆらぎを工夫し続ける必要がある。

本屋は新刊をくまなく求める。もちろん私もそうしている。きちんと森を知らなければ、そこに本屋の現在はない。でも生きることは、森を選ぶのでなく、木を選ぶことのようだ。雑草にことよせて生き抜く、本屋の仕事はかようにややこしいが、しかしこよなく楽しい。

彼らがいなくなる前に

十数年前のことだが、足を運んでみたいなという講座があった。池袋コミュニティ・カレッジの「本屋さんの仕事」という若者向けの連続講座だ。遠方なのと半年近くにわたるものだったので、参加はできなかった。今頃になって初心者対象のレクチャーが気になるのも変だが、いつでも

「一」を始め直すのは嫌いではない。

平凡社の江口宏志他『太陽レクチャー・ブック005 本屋さんの仕事』に、その講座の記録が入っているのを古書で見つけ、少し時間を巻き戻すことができた。

数人の優れた講師が語っているが、二つの言葉が心に残った。

「本屋さんの仕事自体が、街のなかに限りなく溶解してきている」（永江朗）

「何を成功と思うかの基準だけは、ちゃんと考えてほしい」（北尾トロ）

すでにこの頃から売り上げ低迷が進行している。生き延びるためには二つの路（みち）があると永江は語る。一つは、なるべく数をたくさん売る方向。もう一つは、本以外のものを売る方向。なぜそれを溶解と言うかというと、書籍を売るのが本屋のオリジンだとすると、扱う商品の変化で、居抜きで別のショップとなり自他の区別があいまいになるからだ。

北尾トロの言葉はその点に敏感だ。オリジンから外れたところで成功しても、それは成功とはいえないのではないか、という問いかけだ。永江は、既存の書店像から独立するのも、「独立系」書店の特色だと、必ずしも否定的ではない。でも業態のありようは多様であっていいが、その現場に生きる一人の人間の立ち位置はけっして多様ではない。人間の情念は「狭隘」なところにしか育たない。講座に出席していたら、「何が基準かを忘れるな」と心に刻印して帰ったと思う。

同じシリーズに佐内正史他『フォトグラファーの仕事』というのもあったので、これも古書で探して取り寄せた。心に響く言葉はなかった。五人の講師が口をそろえて、「シャッターを押すだけだ」と言っているように聞こえた。言葉は陳腐だが、作品はとてつもなく独創的で圧倒された。でも考えてみれば、本屋の仕事も「ただ本を並べるだけ」だ。私が講師ならその一言で口ごもるしかなかったかもしれない。しかし本当の問題は、いつ、どこで、どのように、という非言語的な実践がここには隠れている。

ジミー・ネルソン『彼らがいなくなる前に』というパイインターナショナル刊の写真集がある。少数民族を世界各地に訪ね、気高い野生の文化と生活を撮影した写真集だ。一年半ほど前（二〇一六年十二月）の発行だ。表紙のエリマキトカゲのようなマサイ族の姿が気になり、「やかましやの女主人」が、そのうち見たいから売りっぱなしにしないようにと言い含めたものだ。私は、仕入れはするけど中身はほとんど見ない「狭隘」な職人なので、ただ売れるたびに補充をしているだけだった。ふと先日気がつくとすでに三十回転をしていることに驚いた。はじめて表紙をめくってみた。野に生きる部族の民が凍える山頂で朝日を浴びている。写真家はシャッターを押すだけだ。しかし、この一押しに三日もかかる。彼らは家宝で正装してその場に臨む。写真を見、この背景を知り、繰り返しページをめくった。解説でマルク・ブレッセは「自分たちがどれほど際立って個性的なのか指摘する人がいなかったために、彼らは自分たちの文化が守る価値のある遺産だとも思わない」と核心をつく。ジミー・ネルソンと知り合って、初めてきちんと自分たちを示すことを自覚したのだ。

すごいと思う。本屋もときたま、取材の依頼をうけるが、私は本屋を取材されるのが好きではない。気後れするからだ。この心性は部族の民と同じだといえば理解しやすいだろうか。ジミー・ネルソンが来たら、私も正装してファサードに直立するだろうか。旅行者の方がときどき、自分で仕入れしているんですか？　熱心に工夫がしてありますね、と声をかけてくれる。この写真集を知って、彼らはじつはジミー・ネルソンなんだと初めて知った。ここからまた「一」が始まる予感がする。

定有堂はどんな本屋ですか？

三カ月ほど先の刊行のようだが、「旅して訪ねる街の本屋ガイド本」の取材案内があった。気後れするという理由で遠慮しようとした。では、自分で自分を取材したらどうだろう？　と「問い」が投げかけられることとなった。「定有堂はどんな本屋ですか？」という焦点のもとにいくつかの質問を得た。

具体的な面では、本の品揃え、選書の目安やその変化のタイミング、棚づくりと読者の関係など基本的なことがらで、自分のためにも一度自分と対話してもいいことだとありがたく受けとめた。写真も自分で撮った。以下がその概要だ。

本の構成は、人文書とアート本をメインに考える。町の本屋の構成は「不易流行」という言葉の「不易」と「流行」のバランスを意識することが大事で、メインの人文書とアート本は「不易」の部分に該当する。「不易」は、昔からの本好きの人たちとつながる分野だ。

一方、従来の本好きとは別のところから本と出合っていく人たちもいる。「流行」の分野だ。エンターテインメントや生き方のヒントのような、いま現在の瞬間風速のただ中の本も新刊コーナーでは、きちんと対応する。ただこの「流行」の範疇は町の本屋では将来の見込めない分野だ。アクセスしやすく品揃えも豊富な大型書店には及ばない。

人文書やアート本は、自分の暮らしの中で、「本」を選ぶことをなによりも楽しみとする人たちに向けたものだ。旅行の途上でふらりと訪れる人も多いが、しばしば「難しい本が揃ってますが、大丈夫ですか？　買う人がいるんですか？」と声をかけられる。「アクセスしにくい町の本屋に足を運ぶ人は、よほどの本好き。そんな少数派の方が求める本はやはり特殊で、難しそうに見えますが、わざわざ足を運ぶのは、そんな本を求めてです」と答える。

本の選び方は、一口にいえば「遅れて売る」。新刊の雑誌は売れないが、バックナンバーはおどろくほど売れる。雑誌は半年たつと出版社でも在庫が消える。どこでも買えるはずのものが「ここ」でしか買えなくなる瞬間だ。「待つことの力」だろうか。書籍もそうだが、「不易」という範疇はすぐに役立つものではないから、「遅れている」と特性づけることができる。

つまり、ここでは「遅れている」ものを貴重だと感じる人たちになり代わって選書する。「不易」に流行はないが、微妙なグラデーションの変化はある。多くの本は置けないので、ときどき方位や入射角を変える。ふと「色あせた」という想いに襲われたときが「入れ替え」のタイミングとなる。

棚づくりは読者の人たちとの交流を抜きにしてはできない。「不易」の本はありがたいことに読む人の顔が見える。だから日々お見えになる人たちの読書傾向にむけて仕入れすればいい。うまくマッチングすると、「ここに来るとあるような気がした」と喜んでもらえる。旅の途上でお見えになる方も、だいたい「本好き」「本屋好き」な方々なので、その線上での出合いを用意しようと、コーナーをつくっている。一般的な市場の「流行」でなく、一人ひとりの顔をイメージしながら「棚づくり」をしていくことに努める。

他にも移ろいゆく本屋環境の変化についての問いもあったが、定有堂の基本は駅から続く商店の軒並みの中ほどに位置する若桜橋のたもとにあることが一番大事と思える。貴重な「はじまり」だ。人通りが少なくなるといわれるが、はじめから少なかった。で、問題は人とどう出会うかと考えた。多くの人と出会うのは困難なので、「本を必要とする」人と出会うという方針が唯一の課題だった。その方針で現在にいたるまで順調なので、今後の「展開」も棚のグラデーションは変わっても本質は同じことのくり返しだ。

しだいに書店は小さい方がいいと思えるようになった。身の丈で制御できることの大切さ、持続可能な形態は「普通」であること、本業からぶれないこと、が身にしみるようになって、「普通の本屋」という意味を込めて、結局「町の本屋」と名のるようになった。

減速する本屋暮らし

同じ市内だが久しく顔合わせすることのなかった本屋仲間が先日訪ねてきた。隣にコンビニができたこともあり「この機会に廃業する」というあいさつだった。取引先を譲ってあげるというありがたいお申し出もあった。

編集長のドラメリアさんに「人は必ず宝を一つ持っていて、いつかそれを誰かにあげるものだよ」と常々語っているのだが、「本当だ」としみじみ思った。人はその宝をもらって明日につなげる。

人と人との付き合いでは、「やかましやの女主人」が、「人にスピード感を見せてはいけない」とくり返し忠告する。前のめりな人間は人を緊張へと追い込み迷惑をかける、という人生訓のようだ。たぶんこれは貴重な忠告だと、真摯に受け止めている。

近頃は誰もが通販でことをすます。クルマで十分で行けるショッピングモールがあっても、三日で配達されるネットが便利だ。これは誰も否定できない。手のほどこしようのないときは、抗《あらが》ってはいけない。花の咲きように心せくことなく、根に滋養を送りつづけることが肝要だ。減速することは停滞することではない。ベクトルが変わるだけだ。

週に一度「減速」する日をつくっている。iPod shuffleで音楽を聴きながら袋川土手を歩く。若桜橋・花見橋・智頭橋・鹿野橋・市場橋・御舟橋・鋳物師橋・有門橋・出合橋・湯所橋と続く。減速してゆっくり歩くと空気感が変わる。身体の中心軸が直立する。急がないので、背骨を安定させた歩行ができる。数日前自分の書棚から久しぶりに『気脈のエコロジー』を取り出した。日本に気功を紹介した津村喬《たかし》さんの本だ。減速したところには「気感」が生まれる。「昇・降・開・合」の四つだ。天に近づき地に弾む。自分を放れ自分に戻る。私の解釈だがそのように読む。

私は未熟で気感を生じることができないので、外界を遮断してイヤホーンで結界をつくる。音楽は、ドラメリアさんのフェイバリット・コレクションの「アジアン・ミュージック」を中心にしたものだ。帰路にかかる頃には気感が高まり、川の蛇行と並木のトンネルが外界を占有する。身の丈が一本の軸のように感じられてくる。自分が希薄になるので、周囲の往来も気にならない。川面《かわも》をたゆたう木の葉だけを視野にいれながら、ゆっくりゆっくりストレッチを始める。そして呼吸をつなぐ気功体操を十八式行う。心の沈静が染み渡ったら並木の下で套路《とうろ》を通し動画に残す。自分が自分を見つめているという形式を手放したくない習性ゆえだ。人にも見せる。誰も知らない川辺の光景を教えたいからだ。そのとき、自分のことは「岸辺の精霊」と紹介する。大きな声でいうと変に思われることも、小さな声でささやけば、阿吽《あうん》の呼吸で通じ合う。

世に捨てられて本の世界は縮小し続ける。世に受け入れられると、本の世界は画一化する。見捨てられたときに、多様な形態を豊かにする。だから本屋はどんなありようでもかまわない。続けることだ。種は多様な方が残存しやすいと進化論が教える。

岸辺の精霊は冗談っぽいが、定有堂は岸辺にあることに自覚的だ。『音信不通』は、若桜橋の一夜からはじまった物語だ。減速することで空気感が変わり、形態変化が生じる。本屋とは◯◯だ、という文脈がおぼろとなり反転する。◯◯も本屋だ、というふうに。減速し縮小する。縮小したところに生じるものは「気感」だ。この事態を「本のビオトープ」と呼んだ。小冊子『音信不通』の副題でもある。

「身の丈」という言葉は昔から好きだが、「昇降開合」が感じられるのは小さな世界だからだ。狭く生きる。「ビオトープですからね」、それに何たって音信不通が旗印なんですから……。

ミニコミ好き

定有堂の底力、根元力って何？　と聞かれれば、レジリエンスとブリコラージュと答える。やり直す力、自前でやり遂げる力とも言い換える。いずれも細々《こまごま》とした力なので、身の丈に集中することが必要だ。

私の「ミニコミ好き」も、根はそんなところに起因する。定有堂で出会う人たちのことを、「本好き」「本屋好き」「ミニコミ好き」「教室好き」と呼び習わしてきた。二つ目までは耳慣れないことではない。

最近この「ミニコミ」という用語が通じなくなっていることに気がついた。大学生と会話していると、「ZINE」「リトルプレス」は知っているが、「ミニコミ」は耳にしないという。「フリーペーパー」が一番身近なようだ。

十数年前に、福岡出身の学生が訪ねてきて、「タウン誌」をつくると語った。地元の大学は、旧市街から離れているので、街中との交流を意図する人がときどき現れる。街を自転車で探訪するライフスタイルが、その雑誌のモチーフだった。「で、なぜ雑誌作りを思いついたの？」と質問すると意外な答えだった。自分が好きなイラストを発表するメディアが欲しいという理由だった。「活字じゃないのね……」と驚きだった。今だとSNSで容易に実現できることがらだが、彼女がタウン誌という小さなメディアに求めたものは、デザイン志向の「モノ的な魅力」と、街で出くわす「ヒト的な魅力」の両方だった。

私の考える「ミニコミ」は「ヒト」が何を考えているかという方面にしか関心はない。それは「古いこころ」のありようだ。

ミニコミはマスコミに対峙する言葉だ。ここが「古い」。マスコミが大勢を動かす大きな声なら、ミニコミは周囲の少数者に小さく同意を確かめる小さな声だ。人の考えを変更させる声でなく、同じ考えの人と同期していく声だ。ミニコミは「自分くくり」なのだ。言葉や活字は自己同一性を完遂するこの「自分くくり」の便利な道具だった。

ミニコミ人間は外から固めていく外勢的志向でなく内への爆縮志向なので、「何かをする」ために「何かになる」というのが、とてももどかしい。いきなり書き始めるのが身にそぐう。そのために媒体（メディア）も自分で用意するのが自然な流れだ。

小学生の頃は壁新聞を作って教室に貼り出した。文章も宇宙人もののまんがも自前だ。大学生になったときは、数校の学生と集う学生雑誌『大学公論』に加わった。取次（鈴木書店）を通じて生協や書店店頭にも並んだ。社会人になったら「寺小屋教室」という自主講座に参加した。ここでは『寺小屋雑誌』という紀要があった。

「自分くくり」で人と付き合うとき、文集があると便利だなと思った。他人もそう思うようで、この頃個人誌というのが流行《はや》った。情報のネットワークが狭かったので、「自分くくり」を文集にしておくと便利だったのだ。

私は『音信不通』という個人誌を作っていた。砂漠に消えて沈黙するランボオ伝説に憧れていたので、そういうタイトルを選んだのだった。周囲には「本好き」「書くのが好き」という人が多かったので、混ぜてという声が大きくなった。でもこれは沈黙へ向かう個人誌なので、じゃあもう一つ別に作るね、ということで『定有』を創刊した。小部数のプライベートな出来事だった。

しかし本屋を始めたとき、気がついたら書店名が「定有堂書店」となっていた。今に至るまで、ミニコミ活動はやむことがない。『リーフレット定有』『ブックレット定有』第二期『定有』『定有堂ジャーナル』と続出する。この二年は第二期『音信不通』が月刊で続いている。小冊子小部数の

「カストリ雑誌」（ここも古い）を意識した限りなく簡素なつくりなのだが、かつてのミニコミ時代とあきらかに違うのは、書店が刊行している以上、どんな形態であれ、これはパブリックなものだということだ。

簡素でしかもパブリック、本屋もメディアなんだと知った瞬間だった。気づくのに四十年かかった。誌名を『音信不通』としたのは、しかし、このパブリックも今ではどうでもいいことだと思えてきたからに他ならない。パブリックを捨てたところにあるものは、相も変わらず「自分くくり」という端緒への回帰だ。

「ミニコミ」は「自分くくり」だという、自己完結的コミュニケーションの話になってしまった。長い年月にわたる出来事なのだ。

フラジャイル

十月は多忙だった。少し自分を変容させようという気分が高まっていたせいかもしれない。流れにまかせ、辿《たど》りついた岸辺から、歩み直してみようという心境だった。いろいろな問い合わせに丁寧に付きあい、自分の折り返し地点を見つめる機会に恵まれた。

ＢＥＡＭＳ（ビームス）というファッションブランドの方々の取材があった。暮らしを提案するレーベル「フェニカ」で民藝を訪ねて鳥取に入った流れだった。一行五人のうち、カメラマンの山本あゆみさんが鳥取出身と知り、少しホッとした。店内を一緒に見回ることとなり、意外なところで面白がってくれるのが、勉強になった。

数日後には、ＦＭ山陰の加藤さゆりキャスターが、スタジオから電話インタビューをしてくださった。口下手な私だが、つい長話をしたくなるような加藤さんの人柄に引き込まれ楽しかった。

二組の人たちが期せずして、開口一番に投げてきたのが、「全国の書店員さんの聖地と言われてますが、どんな点でそう言われていると思いますか？」だった。そんなことはない、と思いながらも、でもなぜなのだろう、と自問自答した。

一九八〇年十月に開業したが、鳥取に移住したのは七月だった。すぐに「タウン誌」の人たちと親しくなり、加わっていた朝日新聞の大阿久記者が紙面に紹介してくれた。見出しが「本が好きなひとが本屋をはじめた」で、すべてはこれが始まりだった。「本が好き」というだけで本屋が始められるのなら、自分も開業したいという人が、たくさん訪ねて来るようになった。現在も繁栄を重ねている著名な人もいるし、うまくいかなかった人も大勢いる。

結局は、素人《しろうと》で始めたという距離の近さだったのだろうか。今はそう思う。

「お店の特徴、キーワードは何ですか？」とも聞かれる。「ゆるい」ということでしょうか、と答える。距離が近いので普通に品揃えすれば足りる。二歩も三歩も先回りした品揃えでなく、同じ歩幅で品揃えしていけばそれで十分。お客さんに昨日教わって、今日仕入れる。当然少し遅れることとなる。二つ目のキーワードはだから、「遅れて売る」ということになる。

「本屋を始めて三十九年ともなると、お店作りも当初と変わりましたか？」とも問われた。「縮小」という言葉がすぐ思い浮かぶ。本屋の場所は変わらないのだが、最初は表通りにあったはずが、いつの間にか「けものみち」を抜けた、「隠れ家」的な立ち位置になった。生活の圏域が三次元的に広がり、二次元的な町角は相対的に縮小してしまった。

お客さんは、「変わらない方がいい」という。やはり「遅れる」という基点を貴重なこととするのだろうか。本屋はお客さんの「記憶」を風景として残す、数少ない装置の一つなのだろう。「縮小」は、本屋だけでなく、読者の読書環境にも生じている。本を読み、語り合う環境が細いものとなっている。「読書のけものみち」も、本屋へと抜ける数少ない細い道だ。

平成生まれ初の芥川賞候補、と将来を嘱望される水原涼さんが、「高校のとき通った」と口にしてくださっている。水原さんの『蹴爪（ボラン）』を雑誌『Hanako』で町田康さんが書評でとりあげる。その傍らに「水原涼さんも通った定有堂書店の店主」選ということで、連想できる二冊を紹介させてもらった。

見出しは私の気持ちを汲み、「フラジャイルな心について考える2冊」としてくださった。湯本香樹実『岸辺の旅』とケン・リュウ『紙の動物園』を選んだ。「フラジャイル」とは「きずつきやすい」ことだ。でも受身の踏み込みでもある。弱いだけではない。

「縮小」の世界では、狭いところだからこそ言える、ということもある。水原涼さんとは、たぶんこの「フラジャイル」が「変わらない記憶」の触れあいになると思った。高校生のとき『fragile』という冊子を作っていて定有堂が扱っていた。編集者もだから、通じにくいはずのこの言葉を生かしてくれた。

身の丈の本屋

二〇一九年一月二十四日に、大阪・堂島の「本は人生のおやつです!!」(現在は兵庫県朝来市に移転)を訪ねた。月曜は定休日なのだが、夕方六時からお店を開けてくださった。久しく会っていない京都の大垣書店の平野篤さんやその友人福嶋聡さん(ジュンク堂書店)とも、再会の機会をご用意いただいた。ご主人の坂上《さかうえ》友紀《ゆき》さんは、人をもてなすのが好きなのだ。

福嶋さんは、石橋毅史さんの『「本屋」は死なない』を読み込み、たくさん付箋を貼っていて、「奈良さんの言葉がここにいくつかある」、「往来」「身の丈」そして「量が質に転じる」、この三つのキーワードが気になる、と発問してくれた。

「往来」は町の本屋の基盤だ。昔、シンポジウムの中で、「普通の本屋は往来にある、ここに始まる物語を大切にすべきだ」と語り、安藤哲也さんがとても賛成してくださって、新規のお店に、ちなんだ名前を付けた(往来堂書店)。

十二月に会ったばかりだったが、鳥居貴彦さん(開風社待賢ブックセンター)も遠方から遅れて見えた。会が引けた後、鳥居さんは歩いて十五分ほどの、私の宿まで送ってくれ、ラウンジで深夜十一時半くらいまで話し込んだ。

しかし、鳥取に帰って、「身の丈」について鳥居さんに語るべきだったと悔やんだ。その思いを本当は託したかった。

「身の丈の本屋」ってなんだろう？　日常を大事にする、というか、大事にするものはもう日常しかない、といった気づき、これが「初発衝動」だ。そして暮らしの中のサイクルに本屋が入り、オルタナティヴとして本屋を生きる。本屋はここで、選びとるもう一つの生き方となる。そして心にいつも、「普通の本屋」という言葉を据える。普通の本屋は身体感覚を超えない。本屋の「普通」とも言いかえられる。

本屋には物語がある。「本屋的人間」という言葉も好んで長く使ってきた、それは「人それぞれに理由がある」という意味だ。理由があるから物語が生まれる。でも本屋の物語は、「小さな物語」だ。「大きな物語」には状況を正当化する背景が不可分にともなう。そんな大きな物語の支えなしに成立する「小さな物語」だ。

身の丈に完結している世界を、外部が解釈すると別のものになりやすい。

身の丈は「狭い」ということだ。「狭い」に関わる特性を二つ思いつく。一つは、始まりの場所が終わりの場所でもあるという意識だ。わかりにくい説明だが、「初発衝動」に終始するということだ。もう一つは、狭いから声が遠くまで届かなくていい。声が大きいと、届かなくていいところまで届いてしまう。

この「初発衝動」とはなんだろう。本屋的人間の心のありようをいっている。「自分くくり」に生きることだと思う。「自分くくり」ってどういう生き方だろう？
一、何度でもやり直せる。
二、身の回りのものを頼りとする。

「本屋的人間」って「個性」のことなんだろうか？　「個性」は「身の丈」のものだ。だから、「自分くくり」は、大きな声にならない。「個性」とは誰にも理解できないものだ。もちろん自分にも。だから「本」を商う。寡黙な人間が饒舌な書物を扱う。日々のたのしさはこの相克にある。

「量が質に転化する」。私は「特異点」とか「シンギュラリティ」という言葉が好きだ。本屋は書店から特異点を過ぎて生じる。書店にはセオリーがあるが、本屋にはない。多様な本屋的人間の姿勢があるだけだ。本屋は「人」なのだ。人へとシンギュラリティしていく、というと奇妙だろうか？

こんなことをいろいろ考えていたら、「あれ？　前に、奈良はもう終わりましたって繰り返してたよね」と身近な人にいわれた。

それは、町の本屋に汎用性は必要ないと気づき、「身の丈」から出ることをやめ、「初発衝動」だけを繰り返し反芻するという意味だ。始まりの場所が終わりの場所、そんなことを話してみたかったのかもしれない。結果を知ることによって原因が発生する、そんな狭い場所の物語を……。

探求のかたち

この二月も一期一会の出会いが多かった。それが誰だったかはもう覚えていないが、お茶をしながらふと距離感が近づいた瞬間に発した問いだった。「百尺竿頭《かんとう》に一歩を進む」という一語が気になるけど、この先どうします？　と試みに尋ねたのだった。きちんと言ったわけでもなかったので、回答は聞きそびれてしまった。

探求のはじまりはこの「先端に漂う」ような風景だ。ときに店頭と竿頭が混濁するのもおかしい。先日も県中部の松崎から時折りお見えになる、国語教師の小原修治さんに、平台のアンソロジー・シリーズに岩間輝生他編『ちくま科学評論選』が加わってるよ、と教わった。たしかにまとまった科学文集で刺激的だ。「ＡＩ」への理解が欠かせない時代が到来している。その中で「意識の不思議」に興味を持った。出典の渡辺正峰『脳の意識　機械の意識』もいきおいで読破した。これはさいわい店頭にあった。

「日々、私たちは総天然色の視覚世界を体験するが（…）色はあくまで脳が創りだしたにすぎず、外界の実体は電磁波の飛び交う味気ない世界だ」という一節にびっくりした。竿頭を一歩踏み出せば「電界と磁界の波及する状態」だったのだろうか。

この竿頭と店頭はもちろんすべてではないが少し同期するようにも感じる。竿頭つながりで言えば、店内のあちこちに落とし穴のように点在するのが次の四作品だ。今日も県外から来たという女性のお客さんに「どうして同じ本が数カ所にあるの？」と問われた。「不思議だけど、いいですね」という感想だったので、とくに説明はしなかった。充分お互いの意は尽くせていると感じたからだ。テッド・チャン『あなたの人生の物語』、ケン・リュウ『もののあはれ』『紙の動物園』、そして野村泰紀『マルチバース宇宙論入門』が、四、五カ所に並べられている。ケン・リュウには「電脳化する人類」「人間が電脳空間にアップロードする」というモチーフがある。テッド・チャンの作品は非人類的言語者との遭遇もあり斬新だ。人類が考え得るオルタナティヴの限りではあるが……。

見ているものと見えているものが同じではないという「かたち」に世界への入口の扉を感じる。簡単にいうとそれだけのことに興味があるということだが、「ここにこうしてある」一事が、いつも不思議だからだ。例えばケン・リュウの最新刊『生まれ変わり』にも、「記憶を取り戻すために、あなたは一組の神経連絡を再活性化しなければならず、その過程で、神経連絡を変化させてしまう」と異星人が人間に指摘する。つまり「記憶」はすべてエラーなのだ。だからアイデンティティなんてなんの必要もないでしょうと、これは実は洗脳への論理なのだ。

百尺竿頭で人に出会ったとき、ふとこんな話をしてみたくなる。いつか誰かが答えてくれるかもしれないからだ。「こころ明らむ」だけなのだけど……。

この月は多くの出会いを重ねたのだが、大阪から見えたばかりの毎日新聞の萱原健一さんとは大事な交わりを得た。雑談の折に知ったのだが萱原さんは井筒俊彦全集を所蔵していることを大切にしている人だった。いろいろ教わるうちに、二十年ぶりに『意識と本質』を読了できた。手元に残しておいてよかった。意識は言葉でかたち作られている。本質は言葉で定義されたもの。だから存在そのものに触れることができない。「本質」は虚構である。この了解から井筒俊彦は「本質」を階梯的に考究していくようだ。本質が定義であるならば、何度も定義し直さなければならない。「定義」の中に「世界」が存在しない、ということだろうか。「世界」がここに存在しないというのはマルチバースの考え方に似ている。泡のような境界面が、数えきれないほど同時に存在する。「世界」はいずれの泡の内部にも存在しない。外部を包むどこかにあるものだ。

「本質」とマルチバースを重ねあわせて考えるのも変だが、『意識と本質』のテーマを「本質の彼方へ」とくくってしまっては理解が浅いだろうか。本質をこう定義している。「『本質』とは存在の限界付け、すなわち存在の部分的、断片的、あるいは局所的、限定を意味する」と。

意識は言語に限定される。人の言語の特徴は「線状」で因果関係を生成する。テッド・チャンの宇宙人の言語はそうではない。一挙に示される図像的なものだった。

途上だが、探求のかたちは、このような道筋にぼんやり浮かんでいる。

普通の本屋

ひと月ほど前に「町の本屋」を始めたいと相談に見えた方がいた。福山の人だった。ランチやカフェと所を変え長時間話し込んだ。書店でもなく町の本屋と絞り込んでいる経緯に興味を持った。ここへ導いたのは石橋毅史さんのいくつかの本ということだった。

丁寧に話をうかがったのだが無理だと思えた。刻《とき》に利あらずというか、伏竜が登るための気流も見えない時代だ。「成功は覚束《おぼつか》ないと思いますよ」、「いいんです。それでもやります」とぶれることはなかった。なにか背水の覚悟と事情があるようだった。

「では成功しなくてもいい本屋を始めるというのはどうでしょう」と提案した。その不退転の確固たる意志の強さをみると、もうすでにあなたは「本屋」なのではないだろうか。書店名を決め、名刺に名のりとして記すべきだ。恥ずかしければ「準備中」とカッコ付けすればいいのでは？　名のりは今をおいて他にない。伏竜のままでいいのではという選択肢だ。

成功しなくてもいい。でも二つ大切な注意項目がある。
一、いつでもやり直しが利くこと。
二、手持ちの材料をいかす。
何か特別の提案のようだが、「身の丈」を忘れないというだけのことだ。

そんな相談をして別れた後、閉店後の店内で一冊の本に遭遇した。高村友也『スモールハウス』という本だった。一年前にちくま文庫に入り、なんとなく置き続けてきたものだ。三坪ほどの小屋を紹介する本だ。問題は「小屋」じゃなかったんだ。住む人がはじめて見えた。二日で読了し、「人」を中心に書いた同著者の『僕はなぜ小屋で暮らすようになったか』も古書で求めた。すべての始まりは、小学生のときに突如「僕はいつか死ぬんだ」と気づいたときに始まった。それがすべてだ。そう繰り返し書いてある。関心が身の丈以下に縮小してしまったのだ。

『スモールハウス』の中心概念は「オフグリッド」だ。わかりにくい言葉だが、外部からの電気や水の供給を拒《こば》んだ家のことを言うらしい。「成功しなくてもいい本屋」とは「オフグリッドの本屋」だと思った。インフラとしての取次を前提とした「正常ルート」を受け付けない本屋だ。インフラ供給を必要としないでやっていける本屋が、「成功しなくてもいい本屋」だ。ライフラインを外して、そこに残るものが「身の丈」だ。

成功しなくてもいい本屋は彼のように「初発衝動」に殉じる本屋だ。でもこれは実はベンチャーのイノベーションの起爆力と同じものだ。継続し生き残ればそのまま成功モデルとなるだろう。初発衝動はわかりにくい言葉だ。『音信不通』三十二号で鳥居貴彦さんが「ショハツショウドウ」と言い換えていたが、それが正しい用法かもしれない。前にある本を引用して、「未来が、現在起きていることに構造を与えている」「存在しない文の終りは、存在しないが文に構造を与えている」と述べた。

「ショハツショウドウ」を「文体」化すれば、「○○○…………、」と「、」(読点)へ向けて展開する構文で「…………、」の先が未来だ。私のように「終わった人」は「○○○…………、○○○…………。」と延長する。そして未来は「…………。」の向こうにある。「未来」の位取りが違うこととなる。謎々のような話だが、実は私の核心の部分だ。『音信不通』は言葉自体未来を先取りした語り(ナラティヴ)なのだが、まだ時間があるので、ここでは「謎」のままでよいかと思う。

オフグリッドのスモール本屋はそのまま身の丈の体現だ。つまりセレクトショップとなる。クオリティの追求は縮小と同義で、ここではセレクトと自分の世界が重なる。

定有堂はセレクトショップなの? と今日のランチミーティングで取次の転任の方に訊かれた。でも少し違う。流れから好きなものを拾い上げて並べてみせるのでなく、流れ自体を店内に引き込み、その中からピックアップする。つまりリアリティを追求する本屋ではなく、アクチュアリティを簡潔に見せる本屋なのだ。本が未来を取り込んでいる生成の現場に立ち会うのが喜びだと言い換えてもいい。

だから、定有堂は「普通の本屋」なのだ。オフグリッドではないということなのだが、このことを「伝える」のはいま難しい。

果敢な本屋たち

先日県内の情報誌から取材の打診があった。下り坂の本屋なので戸惑うところもあり動機を訊ねた。困窮続きの出版流通の世界で「常に果敢に発信し続けている」一点に興味がある、という単刀直入の返答だった。

ここでこの「果敢」という言葉に出合い驚いた。天から降りてくる響きにも聞こえた。

辞書的にはいくつかのグラデーションがあったが、「〔自分の命や将来の情勢がどうなるかなどは構わず〕やろうと思う事を思い切ってする様子」という少々偏《かたよ》った解釈の、『新明解国語辞典』の理解を、ここではとりたい。わざわざよけいなことをする、そこを「果敢」と呼ぶ。

「小さな本屋」というと見えているそのままだが、「果敢な」と形容すると見えないものが重ねられてくる。重ねあわせというと、最近「レイヤー」という言葉を好んで多用している。見えているものと見えないものの積み重ねをうまくとらえた言葉だ。「果敢」と「レイヤー」を何か関係するものとして考えたい。共通するのは過剰な熱量だろうか。

「レイヤー」は、①階層・積み重ね、②画層・シートを重ねる（グラフィック・ソフト）と説明される。

最近「小さな本屋」の立ち位置を分かりやすくするために高村友也『スモールハウス』を話の枕

に振っている。そのせいか気がついたらここ数カ月で五十冊ほども売れている。「オフグリッド」というキーワードが効き目だ。外部からのライフラインに依存しない独立系なのだ。この「小さな」というのも、レイヤーの一つなのだ。

ここ最近気がついたのだが、町の一角になぜか似たような小さなお店が集まっている。この似ているところにもレイヤーを読み取れる。

例えば海の世界で言うと、海面近くを泳ぐ魚、中間を泳ぐ魚、深海を泳ぐ魚と棲《す》み分けがある。植物の生存競争をレイヤーで語る稲垣栄洋『植物はなぜ動かないのか』は、①競争型（攻め）、②ストレス耐性型（受け身）、③攪乱《かくらん》適応型（根性）と階層化する英国の生態学者の説を紹介している。小さな本屋は受け身なので、高山植物のようなストレス耐性型と見なせるだろう。下り坂という環境を果敢に選ぶ。

雑草の生存戦略は「争わない」ことらしい。「環境は敵ではなく味方」という気づきがそこにある。この本の世界観はすばらしい。安定した環境では強い植物が力を発揮する。弱い植物は、予測不可能な変化が起こる不安定な環境を選ぶ、と明快だ。

定有堂でいう「果敢な」というのは「ミニコミ魂」のことだ。それは何かをするために何かを準備するのでなく、いきなり「何か」をする魂のことだ。つまり「しなくてもいい」ことを見極めるところに生じる力だ。

この「ミニコミ魂」は階層を縦断し、レイヤーを生み出す。レイヤーの二つ目の意味に注目したい。画層の説明だ。グラフィック・ソフトはシートを重ねることができる。つまり複数のシートを重ねあわせて一つのレイヤーとする。「小さな本屋」が画層のようにレイヤーを構築すると「町の本屋」になる。「町」は画層レイヤーなのだ。この折り畳んで重ねようとする熱量を「果敢」といっていいのかもしれない。変えてよいもの、変えてはいけないものを身体的に明確にすると、立ち位置が単純になり、果敢な立ち姿となる。

　さて果敢な本屋さんたちだが、五月二十六日、突然、鳥取県立図書館隣りの中庭で本屋の集団に遭遇した。「第2回トットリヒトハコ」と銘打った「一箱古本市」だ。個性的で果敢な店名を一つ一つ記しておきたい。

「白壁書房」「ぱんだ書店」「黄砂屋」「さすらいのアリクイ」「たにひさコーヒー書販部」「SUIRI」「歴史の泉書店」「県立図書館の出前図書館」「ワン・コイン」「アカゲラブックス」「吉備川辺亭」「だるぶ××くすとゆかいな仲間たち」「ぽっとBOOKS」「子ども文庫ピピロッタ」「こどものお店」「Chiezo」「Books腸感冒」「いろはに十色」「明日堂」。この壮観さに驚いた。一人ひとりが、人生の晴れ舞台と、青空の下に輝いていた。

　十冊ほど購入した。後で気がついたが、昔持っていていま手元にない本ばかりだった。でも自分の存在証明を、ここで確かめるような気持ちで、買い求めた。定有堂に戻って、たまたま来店した秦皁梅林《やすおかばいりん》さんに一冊プレゼントしたのはポール・オースターの『幽霊たち』だった。「一箱古本市」の伝道師南陀楼綾繁《なんだろうあやしげ》さんは「読書はきわめて個人的な体験です。その一方で、一箱古本市はいろんな人が一緒に本をたのしむイベントです」と語っている（『ヒトハコ』創刊号）。「一緒に」という言葉にも、果敢なレイヤーの一つを発見した。

定有堂のレイヤー

ブッキッシュというのは、世の中を書物でしか体験できない輩《やから》のことだが、定有堂もそのように、すべてに書物頼りで物事が進んでいる。

最近レイヤーという言葉をよく用いる。ちょうどオープンサンドのようなイメージだ。しかし、一番下の層のパンは固い。固いから上の具材の階層を下支えできる。結果各階層はこの底部に世界観を決定されている。

その固いパンの話だ。オープンサンドの名称は、定有堂では「本のビオトープ」にあたる。佐々木俊尚『キュレーションの時代』という本のなかでビオトープという言葉に出合った。読み書きのリテラシーという生態系が維持されるためのちいさな圏域だ。この圏域に定有堂の本の世界がある。ずいぶん遅れて気がついたのだが同じ著者に『レイヤー化する世界』もある。ビオトープがレイヤーになっていると重ね読みする。しかしすでにここでは固いパン（場）は、読み書きリテラシーではなく、テクノロジーへと変貌していた。

そこでは孤立していたビオトープが、テクノロジーという固いパンに支えられるがゆえに接続されてしまう。しかも「私たちは（テクノロジーの文字を）読むことができない」。リテラシーが一つの大海となったとき、それをメディアと総称する。これは石田英敬『大人のためのメディア論講義』の予言するところだ。主張の核心は、メディアは私たちの無意識なのだ、と敷衍《ふえん》する。

これらが定有堂レイヤーの固いパン（場）だが、各レイヤーを見ていくと千野帽子『人はなぜ物語を求めるのか』が方向を示すものとして存在する。これはストーリーは意味をめざすという話だ。「わかる」と思う気持ちは、感情以外のなにものでもないという。時間順に叙述されるストーリー（物語内容）を、自分の身の丈の因果関係に落とし込むことが、読者にとっては大切だということだろうか。ここに出来事の両義性を手がかりにして読みを変貌させる、ナラティヴというキーワードが方法論として立ちあがる。

豊かにナラティヴの展開をみせる物語としては、ケン・リュウの『紙の動物園』と『もののあはれ』が短編集ゆえに多様なシーンを示してくれる。それとぜひ付け加えたいのがテッド・チャン『あなたの人生の物語』だ。異星人の言語の図像性が線状展開の地球言語に衝撃を与える話に驚く。「人間的」という認識の限界を越境させるのが共通の企てだ。

ブッキッシュな読書の眼目は、「知」ではなく「未知」に出合うことではないか。「未知」は人間的知見を拡張してくれるからだ。もし人間に壁があるとしたら「知っているがゆえに知りえない」という境界性だろう。視座の階層をあげることによってこの壁は俯瞰できる。野村泰紀『マルチバース宇宙論入門』はそんなときに現れた。「世界」が全体を包括できるのでなく地域的なくくりへと格下げされる物語だ。そう視座を見定めれば「知りえないがゆえに少し知る」という場所に踏み分けていかないだろうか。

認識は天空を舞うことになる。ブッキッシュだから……。青空という言葉は好きでこれもよく用いる。青空はどのようにして立ち現れるのだろう。引き算して残るものが青空だ。だから「青空」

とは肯定することのコトバ的表れだ。そして身の丈が残る。

身の丈もレイヤーのひとつだ。稲垣栄洋『植物はなぜ動かないのか』という本がある。本当の強さとはなにか、と問いかける。「ある程度、攪乱がある不安定な条件では、必ずしも強いものが勝つとは限らない」というのが教えだ。逆境の攪乱を身の丈に縮んでやりすごす選択だ。レジリエンスというのだろうか。

この定有堂レイヤーの扉として高村友也『スモールハウス』という本を一歩前に押し出している。キーワードは「オフグリッド」。ここでは独立系と言っておこう。ちなみに定有堂ビオトープのつながり合いは「学び系」。結論をつくりこまないということも付け加わる。

本屋の青空

「本屋の青空」という言葉を好んで使うが、本屋と青空の関係をうまく説明することはたやすくない。それでも捨てがたい語感があって手放せないでいる。本屋と青空は同じようなものだと思っているのだろうか。

久しく実は本当の青空を見たことがない。バンアレン帯の崩壊で裏日本の鳥取にも青空が増えている。青空を見ないというのは視界が町に閉ざされているというだけのことだ。町に興味を失うともっと空をながめるだろう。私の「青空」は架空の青空だ。

青空は破壊と創造の境目にある。青空の形容に「抜けるような」という言葉がある。視野を妨げるものがないわけだ。晴れ上がるというのは雲がない空だ。でも大気がなければ青くはならない。宇宙の晴れ上がりという言葉もある。ビッグバンの後、宇宙が広がり、光が突き抜けることが可能になる状態をいう。一つの終わりと一つの始まりの結節点だろうか。

青空には光がある。本屋には本がある。本は光なのだろうか。

本屋は路上と接続されている方が楽しい。この接続と青空はじつは同義だ。

バザールという言葉もある。公共性の高い路上に常設でない市が立つ。いろんな業種がブースを並べる。特別な時間が生まれる。この特別な時間も祝祭という意味で青空だ。何か突き抜けた開放感がある。

本屋には開放感があるといってもよかったのかもしれない。

先日定有堂の店内で小原修治さんと長話をしていたとき（客の少ない休日の昼下がりだった）、高校生のときよくこんな話をしていたなと後で思い起こした。それも教室でなく路上でとりとめもなく話し込んでいた。一人の友人は「てつがく」をしなければならないから進学する暇がないといって受験しなかった。いま思えばそれは少し変だと気づくことができる。

最近「物質は粒子であり、同時に波動である」「物質というのはすごくのろい光」という議論を読んだ。ミチオ・カク他『アインシュタインを超える』という新書が典拠のようだったので、これは古書で取り寄せた。なんとなく仏教と物理学が重なり合ってくるような気がした。この飛躍がじつは「てつがく」なのかもしれない。

そういう話を小原さんにした。小原さんは国語の先生なので、いつも正面から応じてくれる。

「そのテーマなら定有堂のあそこの棚にもあるよ」と導いてくれた。ＮＨＫ出版の佐々木閑『般若心経』だった。「なぜ？」と聞いたら「この著者は理系の出身でのち仏教者となったひとだから、同じ道筋をたどって説明してくれるよ」と。その夜から読み始めた。ふと思い起こしたら、この本は市内の禅僧の宮川敬之さんが、昨年カルチャーセンターでテキストに採用した本だった。しかも自分のギャラで生徒の数だけ購入され、無料で配布されたもので、印象に残り必備の本にした。一年遅れて紐解《ひもと》いたことになる。縁だろうか。しかもその数日後、宮川さんと店内で遭遇し、問いを投げかけた。同じ著者に『仏教は宇宙をどう見たか』というのもあると教わり、これは品切れだったので、取り急ぎ県立図書館で借り出した。

物質は粒子であり、同時に波動であるというのは、別のあらわれのようだが一つのことだというのが私の「てつがく」の謎だ。この本では『倶舎論《くしゃろん》』の世界観の語彙で「極微《ごくみ》」と説明してあった。「かたち」はこの「極微」の集積の全体なのだと明快に解き明かされる。

高校生のときの「てつがく」は、「果」があるから「因」がどこかにあるはずだという一事だったのかもしれない。

それから長い年月が経ったのだけれど、やはり同じような極微をめぐる「てつがく」が念頭を去らない。

日々のあれこれが抜け落ちていくと青空の占める量が増える。この「てつがく」に出合えるところは、私にはこの「本屋」しかない。そして本屋がそういう機能を持つためには路上と接続している必要がある。日々が遠ざかり光が直進するこの光景を「本屋の青空」という。書物と光は一つことだと思う。

本が大事

鳥取大学の学生の前で話をしてみないかという誘いがあった。「本屋の話？　それとも本の話？」と問い返したら、一般学生に「本屋」の話は難しいだろう、本屋になじむという習慣がないから「本」のほうがまだ話題が見えやすい、と応答があった。そして「本」を読まないから、「本が大事」というテーマがいいかもしれない、と話の方向が具体化していった。

前に学生のN・Uさんが、定有堂の仮店舗として「三週間本屋」という企画を公立鳥取環境大学で行った。学生が本を読まないのは校内に書籍売場がないからだ、仮設売場を短期間でも実現すれば風穴を開けられると考えたのだ。二年二回実施したが何も起動しなかった。彼女はがっかりしたようだ。そして、りっぱな書籍売場がある鳥取大学でも、学生は本を買わない。

定有堂にも学生が訪れ会話を交わすことがある。地元はもちろん、ときには隣県の国立大学の学生も顔を出す。そして本の話をする。「いろいろ気になる本がありますね。どんな本を読んだらいいですか？」「これとこれがオススメですよ」。すると「スマホで写していいですか」で終わる。買わない。一方ときたま近くの進学校の生徒が母親と一緒に来店する。一時間ほど滞在して二万円弱の支払いを母親がする。この違いはなんだろう？　いわゆる文化資本（再生産される文化的蓄積）の違いなのだろうか。

私が学生の前で「本は大事」と話しても、すでにとり返しのつかないもどかしさがある。「本が大事」というのは人を説得するようなテーマではない。「本が大事」と思う人がいると告げる、それだけで事は終わる。

遠くに出かけて「本が大事」と話すのも考えてみればおかしい。定有堂教室「読む会」という読書会にはひんぱんに人が訪れる。本は読みたい人が読むし、縁のない人には路傍の石ころに等しい。

八月のテキストはマルクス・ガブリエルの『なぜ世界は存在しないのか』だった。別の本でだが、ガブリエルは、「ユニコーンは映画や物語という『意味の場』では存在しますが、現実の東京には存在しません」(『未来への大分岐』)という。ここで大事なのはユニコーンという物語性(あるまとまった内容)は「意味の場」には存在すると言っていることだ。全体性としての世界は存在しないが、この物語性は個々の人間の中に存在する。「新しい実在論」はこのように、個々の中に確固として存在する何かを、足場としている。

「そもそも世界が存在しないからです。存在しているのは、無限に数多くの意味の場だけです」

「意味とは対象が現象する仕方のことである」

「2+2」や「3+1」は与えられ方であり、これを「意味」という。「現象」と言ってもいい。この数式は「意味」(与えられ方)は異なっているが、指し示している当のもの(つまり4)は同一である。

この「意味の場」が本を読むという行為の場所のようだ。世界は体験によって生成されるものであって、私たちは世界を体験するわけではない。異なる体験であれ、指し示していく「当のもの」は同一である。「本」の中で体験を成長させ、外部(マルチバース)を予感することが楽しい。「体験」は「経験」の外部なのだ。そしてその「体験」は「本」の中にある。「本を読む人」に出会って「本のたのしさ」が広がる。でもそのためにはすでに本を読んでいなければならない。一味同心の阿吽だからだ。「本」とは、この「与えられ方」の多様な展開の場だ。「本」と袖ふれ合い、「縁」の中で再生産されていく。本屋はこの「縁」が始まる、数少ない一つの「場」なのだ。

本に縁ある人が集まり、その本との縁という、「意味の場」を語る本を読みあう。本を読むということは、ユニコーンを実在させる「意味の場」という「与えられ方」を、共有（体験）することなのだ。

これはすでに現象していることであって、人を説得するようなことがらではない。本屋には本を買う人と買わない人が訪れる。本のあるところ「情報」が豊かに漂う。ユニコーンを幻視する人としない人が今日もここですれ違っていく。

昨日までの世界

ここ近年の事件はスリップレスだろうか。本に挟み込んであるスリップが廃止され消えつつある。はじまりは二〇一八年四月、角川文庫から突然消えた。事故かと思ったがしばらく遅れて、ファックスで説明の通達が届いた。

ＰＯＳ（販売時点情報管理）の普及で、紙のスリップが役割を終えたという理由だった。そこにはショートラン印刷（小ロット印刷）への未来も含ませてあり、売りっ放しにしたいという動機が見えた。発注をＰＯＳレジデータのアルゴリズム（判断）に委《ゆだ》ねている大型書店には、違和感のない制度変更だった。

アルゴリズムが有効なのはビッグデータの処理に際してだが、小さな町角の本屋である定有堂は、はじき出された形でショックだった。小さなデータのゆらぎの中で本の品揃えに努めているからだ。仕方がないので、私製のスリップを作り始めた。その後平凡社がスリップレスに踏み切ったのには驚いた。違う事態が幕を上げたと思った。

筑摩書房からは今年の六月に「スリップがなくなると困りますか？」と来訪があった。その後十月から書店に書き込み用の白紙スリップを無償提供するという対応に収まった。悩んでいる姿がありありと感じられた。

定有堂はちくま文庫に限れば山陰で一番売り上げている（二〇一八年八月〜二〇一九年七月）。理由は文庫の森羅万象というテーマでちくま文庫に特化して力を入れているからだ。スリップを自分で集計し、既刊本を根気よく発掘している。ＰＯＳレジデータとは全く重ならない銘柄の領域だ。データに忘れられた後ろ向きの探書だからだ。

スリップがなくなると、①この作業ができなくなる、②売り上げデータを筑摩書房に送ることができなくなるので双方向性が失われる。ちくま文庫を中心に森羅万象を意図しているので、この世界観を読者と共有するために、ここ半年で文庫目録を百五十冊ほどいただいている。双方向性が消え、データの裏づけがなくなると、こんなお願いもできなくなる。

時代はリスク回避のショートラン（売り逃げ）に向かう。今日一日が大事で明日のことは誰にもわからない。こういう未来がはじまっている。日銭仕事になっているのだろうか？

八月末に南陀楼綾繁さんが『地域人』50号の取材でお見えになった。

「人と話すとき、奈良さんは出版業界の用語をほとんど使わない。その代わりに『青空』『ビオトープ』『それからのはじまり』など謎めいた言葉を話す」と記される。初めての指摘でその観察眼に驚いた。

紅旗征戎《こうきせいじゅう》吾事《わがこと》ニ非《あら》ズという言葉があるが、状況がどう変わろうと、本が好きだから本を並べるだけで一直線に進んで一直線に終わるだけだ。この消息が『音信不通』なのだが、たゆまず月々刊行して三十九号になる。自分で何を書いたか忘却するのでときどき抜き刷りを作って確認する。カフェで会話している折に、たまたま手元にあって差し上げたことが二度ある。南陀楼綾繁さんと歸《かえり》山《やま》健一さんのお二人だ。

先日歸山さんから宅配便が届いた。開封したらこの抜き刷りが製本してあった。背表紙のある青いハードカバーの本だ。

ショートランの反対は一期一会だと思う。歸山さんは一期一会を「かたち」にしてくださったのだと思った。私もこの一期を功徳としたかったので、鳥取の旬の梨をほんの数個贈った。「実は製本は知人に頼んだので少しお裾分けしました」と返事があった。

その知人の方が関わった書物に若松英輔他『本を贈る』があった。このご縁に再読した。初読のときには気がつかなかったが、これは「昨日までの世界」の記録だ。十人の「本」に関わる方々が寄稿されていて、心が解け合って一つの魂の声に聞こえた。「本」への祈りだ。「本」を見つめることによって「本」から見つめられている世界だ。

「『たくさん売らなくていい』ということだけで、こんなに精神的な負荷がちいさくなるとは……」

「本とは、本棚に並んだときに『背』が見えること……」

「背がない中綴じの本は本棚に収まった瞬間に存在がなくなってしまう」

「お客さんの残していった『痕跡』を通して、その心の中をそっと垣間見ている……」

同質の魂の声なので引用元はあげないが、「痕跡」はスリップのこと。私は中綴じの冊子ばかりを長年作り続けてきているので、「背」の存在論には意表をつかれた。たしかにその通りだ。

いま出版流通の世界は「未来」へと前のめりになっている。でも今日一日だけを生き延びようとしている人たちに実は未来はない。「未来」とはいつも「昨日までの世界」のことだからだ。紅旗征戎、つわものの消えたあとには、昨日までの世界が喧騒を拭って露出する。

第三章

「焚き火」の読書会

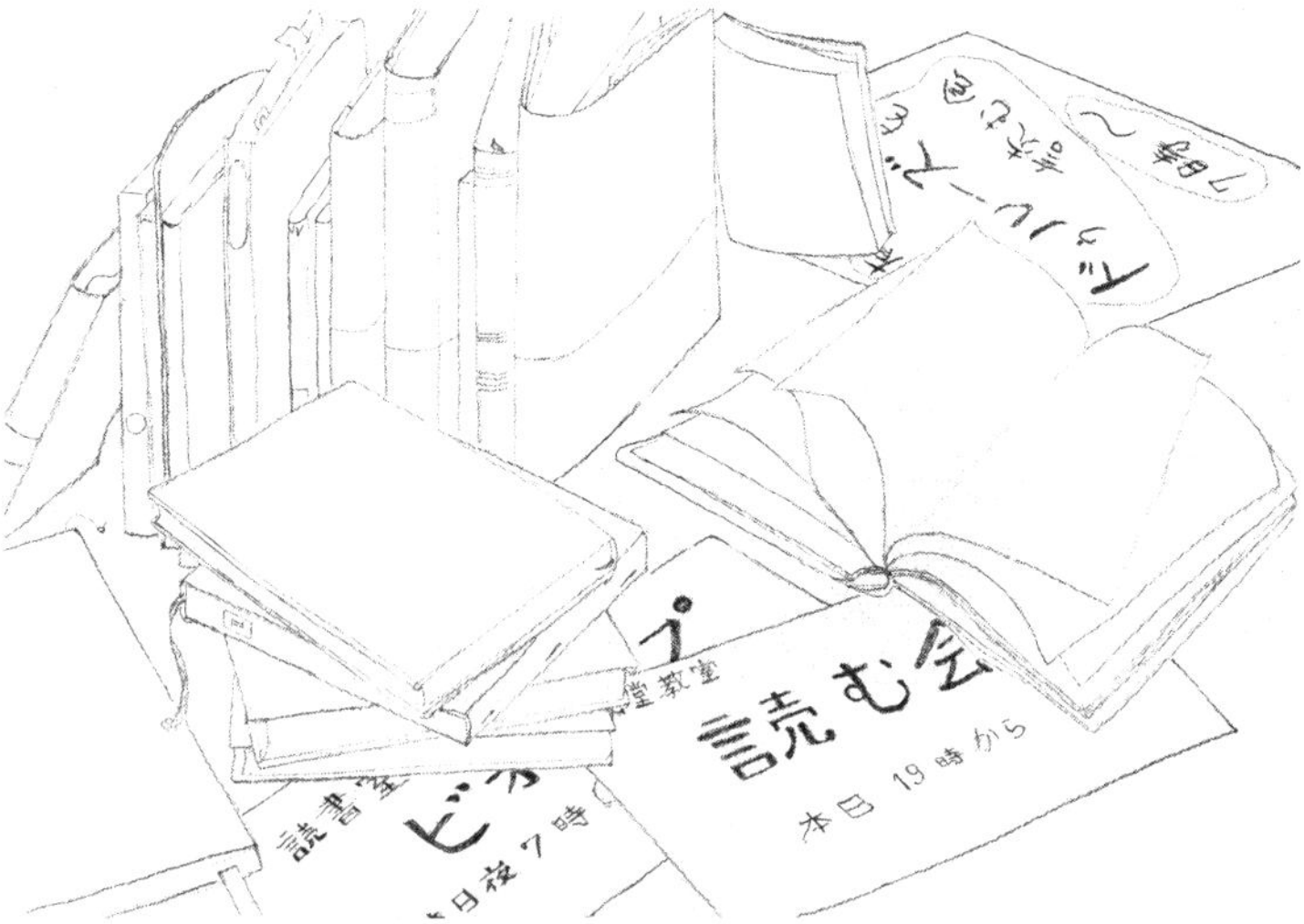

本屋と「読む会」

先日知らない人からメールがあって、読書会をやりたいけど、何か指針を教えて欲しいとのことだった。県外の方だが、ときおり立ち寄る機会があり、定有堂の「読む会」を知ったらしい。定有堂教室「読む会」は一九八八年三月に始まり三十年以上続いている。きっと何か秘訣があると思われたのだろう。自分でもよくわからない。でもきっと何かあるのだろう。問いかけてきた人はすでに準備に入っていて、読む本も具体的に決めているようだった。でもそれは勉強会であって、読書会とは少々異なるのでは、と私には思えた。微妙な違いだがこのあわいに「読む会」は位置している。

「読む会」は「学び系」だが「結論をつくらない」。勉強会は結論を見出《みいだ》していこうとする。結論が共有できるのは同質な人たちが参加しているからだ。「読む会」は異種で多様の「集い」なので共通理解を求めていない。私は三十年変わらず片隅で、無言で耳を傾けているだけなので、そんな風に見える、というだけの話だ。テキストも売るだけできちんと読まないし、発言もしないし耳学問を積み重ねるだけだ。むろん店頭には反映されていく。そこからが私の役割と分別している。

長く続く理由は「人」だと思う。そんな人が数人いる。どんな人たちなのだろう。交わってきて、こういうことかと気づくことがあった。いくつかの本にも、似たような風景がうかがえた。

そんな読書会論のような、二点の本を以前持っていた。ある時期から、自分より所有するのにふさわしい人に、この会で出会うとあげてしまうようになったので、今は手元にない。一つは思想の科学研究会編『共同研究　転向』。熱心に会に参加していた共同通信の記者に、転勤異動の機会にゆずった。異種で多様の「集い」の中で考えを深め合った本だ。「読む会」は勉強会ではないのだが多様性を大事にするという点で似通ったものがある。もう一つは別の人にあげたのだが、面倒見のいい方なので立ち位置がきっと共鳴するとひらめきがあった。それは鶴見俊輔『日常的思想の可能性』だった。この著者は『共同研究　転向』にもかかわった人で、「日常」に形而上学を持ち込まないという深い反省のもとに、考えを深め合うことを主張した人だ。

「集い」というといつもこの本のエッセンスを思い起こす。手元にないので記憶は正しくないかもしれない。人の集いをサークルと呼んでいた時代がある。そんな頃のことで「サークル論」という一節があった。サークルは長く続いて欲しい。長く続く集いを見ていると、気づくことがある。「主題」と「きっかけ」を大事にしているということだ。集いにはテーマ、つまり「主題」がある。でも「集まる」ということ自体、本当は大事なことだ。誰々がいてたのしいから参加する、という人もいていいはずだ。意見を交換するだけでもたのしいので、結論をつくる必要もない。なまじ結論が明確になると、何かしなければならなくなって、会が立ち消えになる。

たのしいから長続きするという説だが、しかしもう一つ大切なことがあるという。例をあげて、焚き火に似ているではないかという。往来に暖かそうな焚き火が見える。ちょっと寄っていって暖まろうと人が集まる。暖まったら去っていく。それで十分。焚き火はそれだけのものだ。でも焚き火を絶やさないということも大事だ。立ち寄り去っていく人が、一本薪《まき》をおいていけば火は絶えない。むろん焚き火守りも必要だ。

焚き火守りについてはこんなことを言っている。焚き火とはサークルのことだ。「主題」がなんであれ、とにかく続けたいからとりあえず参加する。こんな人が三人いれば長く続くし、長く続けるにはこんな人が不可欠なのだ。

「読む会」にはたしかにそんな人たちがいる。異種で多様の「集い」をたのしんでいるので、無方法だ。テキストは毎月かわる。店頭でその月のテーマにひかれ飛び入りする人も多い。でも黙って見ていると、とくにその人を仲間にしようという動きを誰もしない。私は店を閉めて遅れて参加するので、今日来た人の名前聞きました？　と尋ねると案外誰も聞いていない。

この焚き火守りの人たちそれぞれの個性もおもしろいのだが、またそれは別の話だ。存在しないが存在する人もいる。むろん発言しないが、いつもそばで見守っている。「読む会」の焚き火の火を最初に熾《おこ》し、九年守り、一足先に冥界に旅立った『伝えたいこと』の著者、濱崎洋三さんだ。思い出と共に、それからさらに二十四年、焚き火は燃え続けている。定有堂の店内では『伝えたいこと』に、「定有堂で一番読んで欲しい本」とカードを添えている。それだけで以心伝心、買ってくれる人が多い。

お教えする指針はないけど、「読む会」はこんな「集い」のように私には見えている。

焚き火について

本屋は本を集め、集めた本を棚に編集して売る。これが基本とされる。「焚き火」というたとえが好きなのは、本屋というのはそれだけでなく、本を集めることによって人を集め、そして温もりもつくっていく、これが大事という気づきがあったからだ。

焚き火を囲んで人が集まる、そんなことが本屋にとって一番大事だと思った。定有堂の「焚き火」は、振り返ると数多くあった。「焚き火」が燃えさかり、一休みして「埋《うず》み火」となり、また再燃する。そんなことのくり返しだった。

一九八九年十月に『定有堂ジャーナル』という書評誌を刊行した。これもいま思えば焚き火の一つだった。

一九九四年に創刊された本好きの人たちのための雑誌『ダ・ヴィンチ』創刊号の「今月のえこひいき」欄に投稿がのっていた。

「このサークル誌は、本好きの人たちの交流を目的に始められたもの。主婦や看護婦さん、高校教師や大学教授など、いろいろな職種の人たちが、それぞれ思い思いに好きな本の話を語る、ほのぼのとしたスタイル。編集作業も手作り感覚で、定有堂のお客さんだった人がワープロによる原稿入

力や発送作業までを行っている」（井上和子・鳥取市在住）

これは本屋の「焚き火」だ。町の人がこんな風に理解してくれていたのがうれしい。

この焚き火は、井狩春男さんとの出会いから生まれたものだった。井狩さんは鈴木書店という専門書取次で仕入れの仕事をしている人だった。本の目利きだ。その目利きを活かして『日刊まるすニュース』を作っていた。手作りの情報誌だった。私は機会があって長く師事した。この目利きの仕事は『返品のない月曜日』にとても面白く語られている。

井狩さんは出版関係者だけでなく、多くの人の注目を集め、『ＡＥＲＡ』の「現代の肖像」でとり上げられるようになった。ライターの人は「地方にもファンがひたひたと増えた」と書き、その代表として私の言葉をのせている。

「ぜひ拝見したいとファンレターを書いたら、とても親切な返信をいただいた。『まるす』は井狩さんの人柄がにじみ出ていて、情報のない地方の書店にはありがたいんです。私はこれで通信教育を受けているようなものです」

この「通信教育」の中で、ミニコミを出すことを勧められた。定有堂に集う人たちにそんな話をしたら、一週間で創刊号ができた。それだけではなかった。『ＡＥＲＡ』は続ける。

「奈良も月刊で『定有堂ジャーナル』を出しはじめたが、それには『永くつづける』、『本を論じない』、『無理をせず何となくやる』の〝井狩スピリット〟三原則が生かされているという。フロントページに載っている原稿料無料の井狩エッセイ『定有堂で朝食を』が目玉だ」

なんと井狩さんは第二号から百十一回にわたって欠かさず寄稿してくださったのだ。

定有堂を訪れた人たちが、そこで見聞きするのは「一方的な贈与」というものだった。これも

「本屋の焚き火」の大事な要素だ。焚き火は五人くらいで囲むのがちょうどいい。これを超えると祭りになってしまう。線香花火を取り巻くくらいがしみじみ楽しい。定有堂の古いお友だちの南陀楼綾繁さんが『ミニコミ魂』(串間努編)に書いている。「本文では毎回20人以上のさまざまな立場の人々が、自分の好きな本を紹介している。(…)『なんとなくやる』というやりかたで9年間続いていたが、この辺でなんとなく休んでみようと今年2月に休刊した。でもまあ、いずれまた『なんとなく』復刊しますよね、きっと」

でも復刊することなく、この「焚き火」は、『音信不通』というもうひとつの「焚き火」となった。

本屋の圏域

二〇二〇年二月十五日に映画『ニューヨーク公共図書館』を観た。鳥取県立図書館を中心とした上映会だった。このところ公共性とか公共圏について興味があったので渡りに船とすぐさまチケットを予約した。百七十の席が売切れ寸前だった。みんなどんな期待をもって集まったのだろう。

図書館があることで多くの人が豊かな幸せな時間を持てる。利用できるのは近隣の人に有利なように思われるが、でもその営みの多様性を知ることによって遠く日本の私たちも、もっと望んでいいのだという意欲をもつ。そんな感想をもった。

大事なのは可能性の「スケール」を具体的に示すということだろう。県立図書館の役割も、できることの多様性を幅広く具現することによって、県内隅々の住民が、近隣の公共図書館への期待を高める起爆剤になることかと感じた。

映画鑑賞をきっかけに、本屋の圏域は狭い方がいい、狭いところにしか立ち位置はない、と逆に考えるようになった。「本のビオトープ」と称しているのもそんな気持ちからだったかもしれない。本屋の公共圏は、狭さの中にしか存在しないと、あらためて感じる。多くの人の期待にこたえるよりも、狭い半径の圏域を大事にした方がいいと思った。多様性よりもピンポイントだ。

公共圏に関心をもつきっかけはつぎのような流れのもとにあった。定有堂教室「読む会」の一月のテキストはハン・ガン『ギリシャ語の時間』、二月はケン・リュウ『紙の動物園』、三月は國分功一郎『中動態の世界』の予定だ。『紙の動物園』は中国系アメリカ人の母と子の歴史的公共圏のアイデンティティの違いの悲劇だ。ほかの二つに共通するのは「中動態」というキーワードだ。私は「中動態」と「公共圏」を重ねあわせて考えてもいいのではないかと思い始めている。

『中動態の世界』はギリシャ文法などの説明が多く難解だ。でも小林秀雄賞を受賞しているのだから、きっと考えるヒントに満ちた本なのだろう。選考委員の関川夏央さんは末尾の「ビリー・バッド」(メルヴィルの小説)の話から始めた方がよかったのではと言っている。たしかにその通りだ。

テーマは、善良素朴な船乗り、ビリー・バッドの悲劇だ。十八世紀末、イギリス軍艦の航海中に、海上で臨時徴用されたビリーが上官を殺害する。艦長に気に入られ、一種の妬《ねた》みやいじめ、そして誤解がここにはあった。軍艦という狭い公共圏では、事件の経緯がビリーに同情するかたちで、艦長や乗組員に共有される。情状酌量の余地ありというわけだ。しかし本国イギリスを中心とした公共圏域へと拡大すると、これはこのところ頻発する反乱罪で、日を措《お》かず極刑となるべき事件だ。裁判もなく処刑も即日執《と》り行われる。

近代以前には「共通した感性」(コモンセンス)があった。それが中動態の存在と関わりが深く、このコモンセンスが薄れることによって中動態が隠れ、受動態が出現してくる、と私は道筋を理解してみた。だから、公共圏は狭い方がいい。本屋は狭い公共圏を実現できる。

二月二十五日にはノンフィクションライター三宅玲子さんのレポートがウェブマガジン「ニッポン・ドットコム」に「書店員の『聖地』は本を求める人々が深呼吸するビオトープ――鳥取『定有堂書店』」と題して公開された。目にした旧友の飯澤文夫さんは、「『聖地』と言われることに奈良さんはどのように感じておられるか分かりませんが、『深呼吸する』はいいですね。それに、写真の奈良さんの嬉しそうな顔も」とメールを寄せてくださった。『音信不通』寄稿者の一人である古賀啓三さんは「定有堂神話、健在ですね。素晴らしいです。」とコメント。自分ではだんだん当事者意識が希薄になっているので、独り歩きしている「神話」という言葉が言い当てていると得心する。自分ではすべてが終わっていると言い続けて長い。

翌二十六日には、一九九八年刊行の濱崎洋三『伝えたいこと』が、二〇二〇年度の同志社大学の日本史入試問題に採用されたという知らせが届いた。水戸学と討幕維新の文脈の中で、濱崎先生が最後の鳥取藩主池田慶徳《よしのり》(水戸徳川家からの養子)の時代錯誤を指摘した論点を、一連の問題文のつなぎ目に置いたものだ。尊王敬幕論が攘夷討幕へねじれていく瞬間をよくとらえた論考だ。

定有堂最初で最後の出版とうたった『伝えたいこと』と著者の業績が、適切に注目されたのがとてもうれしい。

濱崎先生は定有堂教室「読む会」の創設者で、先生がお亡くなりになった後もこの会は続いている。この果報に想いを馳《は》せて、本のビオトープという狭い公共圏で、ゆったり深呼吸してみた。

具体と抽象

五月十六日に米子の「本の学校」で「本のある暮らしを考える」というテーマで、ミニ講演とシンポジウムを行う予定だったのだが、新型コロナに配慮し延期または中止の状態となった。

いつも定有堂の半径わずかの範囲でしか考えないので、この機会に少々襟を正して視野を広げて勉強しようと取り組んだ。具体的には、鳥取県立図書館相談担当の高橋真太郎司書に、この課題を初歩から指導してもらうことを企てた。

十数点の書籍と三十点ほどのコピー資料を用意してくださった。これほど丁寧に他人の手助けをあおぐのは初めてだった。たくさんの収穫があった。

相談した内容は、集団で読書をすることの可能性と実例、そして読書の効用、この二点だった。前者は新聞や雑誌の記事から取捨選択してコピーしてくださり、現在進行形の情報だった。後者は古典から最近までの考察例を集めてくださった。さらに読書の効用と一口に言うけれど、「読書の毒」という視点もありますよと、両面併《あわ》せて用意してくださった。

豊富な資料を手にして思ったのは、自分は本屋なのだが、本の文化的世界の総体に、職業人として広く関心を寄せていなかったという気づきだった。もう一つは、相談を受けてのレファレンス（資料調査）が非常に具体的だったということ。つまり、この本、この著者がいいというのでなく、ここに書かれている「情報」が参考になりますよという指導法で、「結論」をさしはさまないという姿勢に終始していた。

職業人としての読書が欠けていたことの発見は、四十年本屋を営んできて初めての気づきだった。本屋を始める前の一時期、本を間に据えた議論を仲間と熱心にしていた。自分では漠然と「思想」を求めていたつもりだった。あるとき「思想」を専門に大学で学んでいるという仲間に出会った。少しびっくりした。思想は生きるもの、どうして「学」として存在するのか不思議だった。よく聞けば、それは「思想史」だった。納得したが、それでも疑問は残った。私の育った地方は「かくれキリシタン」の殉教の街だった。「信」は個人の生死の狭間にあるものだった。大学生になって「神学」というものがあることを知って驚いた。この驚きが「思想」と「思想史」の狭間にも存在した。アンガージュマン（参加）の時代だったのだ。

これは「具体と抽象」というカテゴリーの問題だといまは思う。人は生活圏を広くも狭くもできる。自分の信念も「具体と抽象」のグラデーションの中に定在するものだ。具体は殉教の方向だ。いろんな生き方があるのに、それでも狭い道へと引き寄せられる、そんな情動がたしかにある。

職業人としての読書は歴史意識を求められる。一方私は一回性の出来事にしか興味がもてない。概念的なものが好きなわりには、じつは具体性の「地べた」から離れられなかったようだ。

「毒になる読書」というのは、読めば読むほど「道が狭まる」ものだ。選んでもらった書物の中に石井洋二郎『毒書案内』があった。自分では絶対に手にしない本だ。論でなく紹介だからだ。しかし的を射た本だった。読者を異端に導き、逃れがたいシンパシーへと引き寄せる本の数々の中に、原口統三『二十歳のエチュード』が挙げてあった。これは私が十八のときに出会ったある年長者に贈られた本だった。ランボオにつながる失墜の美学をそこで知った。

多読の日々だけど、自分の視野の狭さをときに危うく思う。なぜ乱読してしまうのだろうか？現在進行形で気になる本は三冊ある。二階堂奥歯『八本脚の蝶』、見城徹『読書という荒野』、劉慈欣『三体』。いずれも狂気を孕《はら》んだ書物だ。

一冊目の中で、槇ひろし・前川欣三『くいしんぼうのあおむしくん』を知った。貪欲に世界を食べ尽くし、すべてが消滅する。そして消えたはずの世界は「あおむしくん」のお腹の中に、そのまま何一つ変わらず存在していた。この構造上、世界はあらかじめ疎外されたものとして現象するしかない。

二冊目の狂気は、世界でなく他者への熱愛として方向づけられているので、幸いこれまで裏切られることもなく、熱量が人の心へときちんと届く。

三冊目、『三体』事件の中核にはレイチェル・カーソン『沈黙の春』がある。良いことだと思ったことが本当は害毒だったという話だ。そこから極論して、人類はそもそもが邪悪な存在だと、異星人に滅亡させる道を選ぶ。

シンポジウムは先送りになっているが、こんな私が人前で「読書の効用」を語ることは、そもそも不似合いなことだったのかもしれない。高橋司書はそんなことをメタレベルな選書で気づかせてくれた。

本屋と図書館

鳥取は県立図書館と書店が協力し合う数少ない県だと言われる。確かにそういう時代があった。手を取り合うのは人と人であり、システムとしての協力体制が整ったわけではない。この人と人との協力のありようが「鳥取モデル」と呼ばれたことがある。

大きな書店もあるし小さな本屋もある。それぞれのお店は出版社や取次に人と人とのつながりを持っている。その属人性に頼って、図書館を支える何かがあれば持ち寄って欲しいということだった。県立図書館が中央図書館化する前後はとくにそういう意欲が顕著だった。

新しい館長さんも町の本屋を訪ねて、「一緒にいい図書館を作ろう」と熱く語った。後で知ったのだが、前職の県立高校の校長時代に、校則を作るとき生徒と一緒にカントの読書会をして、十二分に話し合って規則を作ったと聞いた。同じ気持ちだったのだろう。次長さんも、いいアイデアを持っている人がいたらどんどん館長室に連れてきてくれ、と言っていた。夢は館長が、実務は自分が、という人だった。

この時期、本屋が果たした大きな貢献は、図書館のＭＡＲＣ（MAchine-Readable Cataloging、図書館の収蔵資料の書誌情報を機械処理に提供するためのデータフォーマット）をＴＲＣ（図書館流通センター）でなく日販（日本出版販売）にしたことだった。日販を動かしたのは書店の熱意だった。ＴＲＣ ＭＡＲＣが導入されると主たる取引がＴＲＣからの書籍購入となり、地元書店は二次的な取引先となる。日販ＭＡＲＣは制約がないので、多様な書店と図書館との関係が存在するだけになる。

各書店ができるサービスを持ち寄ることによって、図書館を中心とする書籍の取引が地元に定着することになった。このような属人性の協力体制が、「鳥取モデル」と呼ばれるそもそもの始まりだった。ボトムアップでの協力体制だ。

この協力体制は図書館のアクションプランにも文言化され、今日まで生き続けている。だが、「鳥取モデル」が「鳥取方式」と、いつの間にか文言が変わっている。館長さんに問うと、同じことですよ、という。でも記号が一人歩きして、現実のできごとに着地していない。あるいは記憶が忘れられていると少し気がかりでもある。同じなのは記号であって、着地される内容ではない。

書けなかった話

高齢者の読書について書いてみませんか？　という趣旨のお誘いがあった。認知症支援を中心とした団体の、サイトマガジンへの寄稿だった。

基本は「年を重ねたからこそ読みたい本」で、高齢者がどう本とポジティブに向き合えるかというテーマでもあった。大事なテーマなので、いい機会だから勉強してみたいと思った。学ぶのだから資料を幅広く集め、土台から考えてみようと決めた。認知症と本というテーマで鳥取県立図書館の情報相談担当の方にレファレンスを依頼した。

書籍八冊、図書館での取り組みパンフレットや、記事コピーなど二十点ほどを用意してくださった。最近は課題を狭い店内だけでなく、もう少し広い公共圏で考えてみたいと試みている。自分を変える機会を求め続けている。

でも書けなかった。書くのをストップしたというのが正しいかもしれない。「本」と認知症（高齢者）という現象を天秤にかけると、ことの重さが違う。私の手に負えない。「本」の手にも、容易に負えない。「本＋行動」でなければ、とても釣り合うものではなかった。

与えられたたくさんの資料を目にしての考えは、過去は失われていても「未来」は失われていない、失ってはいけないという結論だった。本はいくつになっても、いままでとは違った形であっても、未来へ向かっての希望の光源だ。関わり方も、選書して終わりでなく、本を携えて寄り添う必要がある。「回想法」という着火法も有効だが、やはり共に味わい喜ぶ人が側にいた方がいい。私は本屋なので、どうしても「本」頼みのところが強い。「本」本位制で「行い」に乏しい。口先だけの本屋トークで終始するのが日常だ。

前に「たとえば高齢のおばあちゃんにおすすめする本は？」と聞かれ「問題は本の内容でなく活字の大きさではないでしょうか」と答えた。以前岩波書店の読者は七十、八十代と聞いたことがある。『世界』の定期購読者は定有堂でも多いが確かにそうだ。文庫より単行本と注文されることも多い。本屋に来る人たちは、読書の動機付けを外部から与えられなくても自分で十分持っている。でも、ある日ふと姿を見なくなることが悲しい。

依頼された課題の中には、年をとると若いときに読んだ本を読み返して、何か新しい発見があったりするのではないか、年を重ねたからこそ何度でも読み返したくなる本というものもあるのではないか、という読書の成熟についてもあった。

おもしろい角度だが、本屋の店頭では時代が加速度的に過ぎている。私個人には「読書の成熟」はない。ひとつは蔵書を読み返すという習慣がない。古色蒼然、どんどん始末しておきたい。ふたつめは古いものはやはり古い。原典（古典）中心の読書でなく、いつも足下を考える本を読んできたせいかもしれない。たぶんそれが本屋的人間なのだと思う。本を読むより本を売る。売文家という言葉があるが、売本家という言葉はないのだろうか。路上で路上を考える、それが本屋的人間だと思う。そこではいつも「未来」を語る「本」を待っている。

店頭（路上）では読者の時間感覚と空間感覚があり、その圏域をはずれたものはアクチュアリティを持ち得ない。昨日までの本から、ふっと人々の関心が消える瞬間もある。私は店頭の本にそれほど目を通さない。お客さんに内容を教わることの方が多い。でも売れると思って仕入れた本が、期限を迎え返品せざるを得ないとき、興味深く目を通すことがよくある。なるほどと思うときもあるし、本の置き場所が悪かったと反省することもある。

新型コロナで不要の外出をひかえる年配の読者は、読書は欠かせないので注文を計画的にして日常を過ごすようだ。先日も一分くらいで精算し、次の注文メモを置いて立ち去る人がいた。プレヴォー『マノン・レスコー』、栗原康『村に火をつけ、白痴になれ』、青木省三『ぼくらの中の「トラウマ」』などだ。年配者だけど目が丈夫なんだ。きっとゆっくり読むのだろうと想像した。足下を照らす未来読書だと思う。

コロナの直前、長い時間滞在して段ボールに積み重ねて本を買い続ける青年がいた。大学生が読むような本だったので、高校図書館の買い付けかなと見ていたら、実は高校生だった。大学が決まったので、これからゆっくり読む本を買うように、親が十万円くれた、とのことだった。「未来」を準備できるこの高校生に畏敬の念を抱いた。この青年の未来読書と先ほどの年配者の未来読書は同質のものだと感じた。

いろんな読書があるけれど、町の本屋では「未来」と「本」が、天秤上で均衡をとりあっているようにいつも見える。

「共通理解」のあり場所

定有堂教室「読む会」は一九八八年の三月に始まり、現在も継続している。魅力的な人たちが集い続ける。今号から『音信不通』に寄稿してくださる丸祐一さんは読書会には一年ほど前から参加されている。先日店頭での立ち話で「テキストは新書が多く、原典購読という形式ではないんですね」と口にされた。いつももの静かに人の発言に耳を傾けられ、寡黙な姿勢が印象深かったので、「読む会」への興味の傾斜が少し読み取れる気がした。町の読書会を面白がってくださっていると理解した。

町にはいろんな人がいる。「本」を読むという一点で集まっているので、本来意見がかみ合うはずもない。でも「本を読んでいる人」の気配を共有する中に「共通理解」のようなものが阿吽の呼吸で生まれる。それが感じられた頃、場が暖まり、「ではまた来月」と毎回散会になる。結論は出ない。しかしその一歩手前で、なにか腑に落ちるものが、自分の内へと回収される。

十年くらい前だろうか、「読む会」に物足りなくて、別の読書会を立ち上げたいと相談を受けたことがある。理由は、①新書では物足りない、②いつも著者を批判して終わる、③学習する姿勢で原典に取り組むということがない、の三つだった。全くその通りだと思ったのでいまも忘れない。共同でやる学習は長く続かない。テーマが絞り込まれるほど、しばらくすると路《みち》が分かれる。それは成果だと思う。そんな読書会が終焉した後にあえてする読書会が「読む会」だ。長年見つめてきてそう感じる。意見をまとめるのでなく、意見を散らす。参加している人たちへの互いの敬意がなくてはできないことだ。人は、若いときには一方向のみを見る。町で出会う人は、年齢とは関係なく同等に敬意を払い合う。だから意見が違えば違うほど面白い。

原典というか古典に準ずる本は値段が高いのが気になる。そして権威が確立している（だから古典なのだが）のも抵抗を感じる。二十歳前後に一冊五千円の本を自由に買えた人と、買えなかった人の読書は、延長線上で大きく分かれるのだろうか。でもその分かれた線が町の読書会で再び交差し合えている。そこがいい。そして共通理解のために旬の「新書」を取り上げる。町の読書の独特な世界が始まる。

私は最近NHKの「カルチャーラジオ」や「100分de名著」などのテキストを楽しみにしている。最初にいいなと思ったのは、生誕二百年に向けて作られた伊藤詔子《しょうこ》『はじめてのソロー』だった。中沢新一『レヴィ＝ストロース　野生の思考』、仲正昌樹『ハンナ・アーレント　全体主義の起原』

もよかった。いまは西研『カント　純粋理性批判』を読んでいる。

カントは、人は「物自体」は知り得ないと言っている。人の認識能力は空間と時間という枠組みに基づくのだが、その枠組みは現実世界に属するのでなく私たちの感性の中にある。だから物自体には到達しない。

古典は時代と場所によっていつも解釈が更新される。それが古典に要求される条件でもある。テキストからの引用だが、「客観世界への一致は不可能だが、世界について皆が共有しうる認識は成り立つ」と説明される。認識のアポリアに対し、「カントはこの問題を、主観と客観を一致させるのではなく、主観同士を一致させるという形で解決した」と続く。学問や科学はあくまでも「一致」を課題とする。「認識」ではこの一致は困難だが、「実践」では可能だ、という。

町の読書はいつも実践の経験を前提とする。むろん自分の身の丈の実践だ。意見を散らしたあげく引き算したあとに何かが残ったとしたら、そこに「自由」が生まれる。認識の束縛が引き算され、始まるところの「自由」だ。

町の集まりは、同一性が少ない。自分の結論を突き崩すために顔を付き合わせることとなる。

読書の学校

七月二十三日木曜日、定有堂に三砂慶明さんが見えた。

書店周辺のことを、少しまとめて考えるきっかけがあり、ここ十日ほど青土社の雑誌『ユリイカ』や『現代思想』の特集号を読んでいた。「図書館の未来」「出版の未来」「書店の未来」などだ。この書店特集でラインを一番引いたのが、三砂慶明さんが司会する「読書の学校」という鼎談だった。三砂さんは梅田 蔦屋書店で人文書を担当している（二〇二〇年当時）。「読書の学校」は三砂さんがコーディネートする梅田 蔦屋書店の読書啓発運動だ。今年は自粛状態だが、梅田はたびたび出かけ、よく駅隣接の蔦屋書店に足を運んでいた。「読書の学校」は冊子にもなっているのだが、それは手にしたことがなかった。「ちょうど持参してますよ」と三回分をいただいた。

「本の学校」や「図書館の学校」は、いいネーミングだと親しみを感じていたが、「読書」というのは思いつかなかった。なにか啓示的な出合いだった。

定有堂では「本のビオトープ」という旗印を使うが、先日、冊子『音信不通』や「読む会」をともにする丸祐一さんに、「自分で言っててよく理解できていないんですが、ビオトープってどう考えるべきですか？」と質問した。「奈良さんはビオトープ自体を生態系と考えているけれど、むしろ生態系を可能とする何かと捉えてもいいのでは？」と教えてくれた。私は、生き物（bios）と場所（topos）の重なり合いが小さな生息環境をつくる、それが黄昏《たそがれ》ゆく町の本屋に似ていると思い旗印にしていた。でも「bios」を、物語的な生であるビオスと、生物学的な生であるゾーエー（zoe）と区別すると、考えが深化するという視点だった。

つまり「本」の存在だけだと「ゾーエー」なのだ。「本」が「人」と融合してはじめて生態系「ビオス」となる。これは気がつかなかった。本を売るだけでなく、その根底に三十二年続く定有堂教室「読む会」があるのは、「本」だけでは何かが足りないという無意識の思いがあったからだ。それが「本屋」と「物語」の同義化だった。

そういう経緯で三砂慶明さんの「読書の学校」には驚いた。「本」より「読書」が上位概念という啓示がそこにあったからだ。

互いにマスクをしている状況だったので、顔をじっと見ていたら、「そういえばそこにある『BRUTUS』に写真が出てますよ」と教えてくれた。二〇一九年の「本屋好き。」という特集だった。従来は新刊書店と古書店は別々に特集されるものだったが、この号は一緒の扱いになっている。そういう時代の到来を予感させる企画だった。大事な転換だと思い、定有堂は現在も八十冊ほど在庫している。六十頁に大きく三砂慶明さんの立ち姿があった。人文コンシェルジュの仕事として「食べることを考える」フェア棚を背景とした写真だった。美しい立ち姿だ。三砂さんの経歴からも「美しい品揃え」が方法論的に探求されていると直感した。

『ユリイカ』の特集の司会付記の末尾の、「私は、本に人生を何度も助けてもらいました」という一行に、私はラインを引いていた。質問したかったが、とても立ち話で語り尽くせる話題でもなく遠慮した。『サンガジャパン』の二〇二〇年春号は「食べる」の特集だった。三砂さんは「『おいしい』ことは悪なのか？」と題して寄稿している。フェア写真背景の「食べることを考える」選書とこの文章は連動している。店内で棚の説明を求めたら、時間が許せば十八ページにわたるこの語りでコンシェルジュするんだと想像した。トークの入り口はきっと「『おいしい』は『味』なのか」だ。「人生を生き抜く力」と「おいしい」が結びつかなければもったいないということだ。本に人生を何度も助けられたのは「本」が「おいしい」ものだったからだろう。一日三冊の読書量と聞く。

知識量はきっととても豊富だ。でも「本に救われる」という経験が、「本」を美しく「盛り付ける」という方法論へと制御させるのではないかと推測した。人柄に「美への制御」を感じたからだ。

私の軸足が「読書のビオトープ」へとこのたび少し動いた。人と人が出会えば、瞬時のことでも「痕跡」が残る。ゆっくりその痕跡を反芻してみた。三砂さんは「心に響く言葉を書き抜いたノート」を大事にしているという。いつか目にしたいものだと思った。

コロナ・ディスタンスな日々

先日、数冊の本をレジに持ってきた若い男の人が、「ちょっと買いすぎたようなので一冊やめる」と、高村友也『スモールハウス』を外そうとした。ふと「この本はやめないで、そっちの本をやめにしたら」と言ってしまった。「どうして？」と問われたので「たくさん買ってるそれらの本つながりだと、この本が中心に思えるから」と答え、結局余分に買ってもらった。

『スモールハウス』は、定有堂の品揃えの「窓」「入り口」だと、機会あるごとに説明している。定有堂には限られた本しかない。本が少ないと思う人もいるし、いやとても多いという人もいる。マジョリティから見ると、何でもあって欲しいし、網羅的でないこと自体に不満が生じる。マイノリティから見ると、自分が興味がある分野は豊かなような感じもする。好みにはまるか、はまらないかの話だが、本屋にとっては重大事だ。で、まずマジョリティとマイノリティを逆転する「窓」

が必要となる。つまりこの入り口をくぐり抜ければ少数派が多数派になる。その「窓」の一つが『スモールハウス』だ。

ここでは「シンプル」がテーマだ。スモールハウスというのは「タイニーハウス」ではない。後者は具体的な「狭小住宅」だが、「スモール」は「こころ」の引き算の方向で具体的な住居形態ではない。著者の高村友也さんは、「自分の死」という観念がその方向性へと駆動させるという。『死』の観念によって暴力的に生活から引き剝がされ、自分に対して誰か別の人でも眺めるような強烈な匿名感を強いる」と言っている。つまりシンプルとは「ライフラインを外す」ことの述語で、「離脱」への手段なのだ。

コロナ禍の中「こんな状況ですので、ご遠慮させていただきます」という使い回しのきく便利な文言を知った。これも「離脱」する言葉だ。人としてのスペックを少なく設定する歩みへと誘われる。

ところで、現代日本の中国武術を牽引する馬長勲・王子鵬の『太極拳を語る』に、「学を為せば日々増えていく、道を為せば日々減っていく、減ってまた減っていく、『何もしない』に行き着く」という老子の言葉を見つけた。今日のレッスン（太極拳教室）で、この一節を紹介したら、「何もしない」がすごいと声が上がった。私は「増えない学び」があれば面白いと気になった。

最近、定有堂教室「読む会」で「会読」という言葉を知った。この概念を踏まえて三砂慶明さんが、筒井康隆の「耽読者の家」（『壊れかた指南』所収）という短編を教えてくれた。品切れで入手できないが、幸い県立図書館にあった。遺産で膨大な蔵書付きの家を入手した伯父の住まいに若い男が居着いて読みふける。そのうち従妹《いとこ》のヤンキーあがりの女子大生も加わる。三人そろって「耽読」が始まる。これも「スモールハウス」の物語だ。「シンプル」「離脱」のストーリーだからだ。『音信不通』は「終わった」という気分から始まる。それは「逆転」の気分だ。マジョリティとマイノリティの逆転だ。この逆転が文脈に構造を与える。「何もしない」が文脈を導いていく。しかしそんな思いもコロナ禍の中でその「一時停止」の気分に追い越された感がある。けれどこの気分は心地よい。「何もしない」ために何かをするということの、自由な出発（リスタート）が魅惑的だ。何にもならないけど「本」を読み続けていいのだと思う。この入り口が『スモールハウス』だと言いたかったのかもしれない。「何もしない」方向への耽読の始まりだ。

どんな時でも活字を目で追うだけで心が安まる。内容は頭を通り過ぎるだけでも一向に構わない。有意的な言葉でなくとも、意識が活字の轍《わだち》にかみ合うだけで満ち足りる。昨夜は読むものがなく、手元にあった文庫目録を、寝床で開いた。リストで見つけても、その本を読むのは今さら億劫だ。知っている本は興がそがれる。知らない本には興味が失せる。この本を仕入れたらきっと売れると、エンピツで印をつけ始めると、目がキラキラしてきた。読むより売る方が楽しいと思うのは、十分「終わっている」証拠かもしれない。

本屋読書

鳥取県立図書館の開館三十周年記念のイベントがあった。十月十六日にシンポジウムがあり、

「変化する時代の図書館の価値」と題する菅谷明子さんのお話を聞いた。

　結論にダーウィンの「最も強い者が生き残るのではなく、最も賢い者が生きのびるのでもない。唯一生き残るのは変化できる者である」という教訓があった。物事には賞味期限があると理解した。同時に「イノベーション」にからめて一歩進んだ説明があったのだが、リモートのせいで聞き取れず、インタビュアーだった高橋司書にそんな話をしたところ、後日動画を巻き戻して調べてくださった。クレイトン・クリステンセン『イノベーションのジレンマ　増補改訂版』にもとづくお話だった。さっそく図書館で借りて読んだ。

　実績ある優良企業が破壊的イノベーションに遭遇したとき、なすすべもなく崩壊するという摂理と、「変化」の兆しは「内部」には存在しないという事例の本だった。優良であるがゆえに、顧客の求めを超えるサービスへと踏み外し、かえって顧客を失うという分析だ。そして外部にシンプルなサービスが生まれる。それが破壊的イノベーションの姿だ。

　図書館という大きな世界のことに理解は及ばないが、本屋という小さな商いにも似たようなことはある。あるとき、ある瞬間、ふと感じる、何かがこの店では終わっていると。自分でもよく口癖のように「終わった」と語る。否定的な意味ではない。ほぼ完成し尽くしているが、何かが決定的に足りなく思える。商品構成や什器の配置など、いつか不可避的にそんな時が訪れる。積み重ねが「終わり」を準備する。積み重ねるのを止めればいい。一から始め直せばいい。そういう転位の訪れだろう。

　シンポジウムに刺激されて、変化すべく、二冊の本を並行して読んでいる。これからはデジタル時代だというのでオリジンをつかもうと杉本貴司『ネット興亡記』を手にする。もう一つは店頭でふと視線が合ってしまった田中佳祐・竹田信弥『街灯りとしての本屋』だ。十一書店に聞くお店のはじめ方つづけ方、と副題にある。好きだから本屋をやる、を動機とする人たちだ。いまは国をあげてデジタル社会のとば口に立っている。しかし一方「終わり」の始まりだとも言える。破壊的イノベーションはすでに「街灯り」としてはじまっている。違う成り立ち、違う生き方がそのイノベーションだ。好きだからやる、やりたいから続けるだけ、自分のために灯しているだけだが、知らないうちに他人のためにも役立っていた。これが破壊的本屋イノベーションだと思う。扱う商品の多様化の先に未来はない。「本が好き」という原点に、破壊的イノベーションは宿ると予感する。

この本を教えてくれた高橋司書は、資料相談のカウンターで『ソトコト』十一月号も見せてくれた。表紙は「こども本の森　中之島」だった。こどもは未来をつくる破壊的イノベーションだ。そして未来をつくる本屋も特集されていた。偶然開いたところに、『音信不通』寄稿者の鳥居貴彦さんの本屋が、六ページにわたって紹介されていた。作り込むことの何一つない、正真正銘街灯りの本屋だ。

「終わった」と感じても続くのは、「ひと」という外部との出合いが途絶えないからだ。「終わり」の続きがそこから始まる。定有堂教室「読む会」のテキストは岩田直樹さんが選定されている。参加者にわかりやすいようにレジ前に並べる。読書会レベルの本なので定有堂の棚の本とは性格が違う。ふと別の世界を感じ、ついでに一冊とお客さんが買っていく。定有堂の出口の印象を高めているのは間違いない。

本のある暮らし、ただし本屋

座談会形式のシンポジウムに誘われたが二の足を踏んでしまった。「本のある暮らし」がテーマだったので、一瞬乗り気になったが、ためらってしまった。コロナ禍の一年で視野が狭くなり、意見がかみ合いづらくなっている気がする。分断の始まりだろうか。

出かけることも少なくなったし、出版関係者の訪問も減少した。その結果まなざしが内向きになった。新しい情動が生成しないので、今ここにある情報を精査することとなる。視野が狭くなるというのはそういう事態と無関係ではない。

二〇二一年一月下旬に地元の新聞社から取材を受けた。コロナ禍でどんな工夫をしていますか？という問いに、「みなさん本を選ぶのに時間をかけたくないという気持ちがあるので、表紙がなるべく見えるようにして、速攻買いができるよう努めています」と答えた。こんなときだからこそ読もうというのか人文書がよく動く。

目立つコーナーに無規則に本を展示している。「これは？」と聞かれ、「一度売れて補充で戻ってきた本です」と答える。直近、人がどんな本を求めたかがわかる。

文庫も大多数が表紙陳列だ。ちくま文庫が中心でしかも旧刊が占める割合が多い。今はスリップレスだが、補充品にはまだスリップが残っているものが多い。売れ行き上位でないことが知れる。

パレートの法則というのがある。二割の銘柄が八割の売り上げを占めるという経験則だ。データをとってその二割をしつこくあちこちに表紙陳列している。

本との日々がくり返されるうち、絞り込みやとりまとめが固有に形成されるのが、本屋における本との暮らしの特色だ。それが本屋の方法、セオリーなのだが、考えの土台でもあり、ベーシックセオリーと呼ぶこともできる。生成の源流は、読者の人たちの「こころ」の反映だ。読者の気分が変われば、このベーシックセオリーも、それにつれて変化する。

セオリーはざっくりした「とりまとめ」だが、書物の内容傾向はそうではない。ベーシックセオリーという言い方をしたが、それはハイレゾリューション（高解像度）傾向にある。スペイン風邪のパンデミックは収束に三年を費やしたというが、新型コロナもおそらく同様の経過をたどると推測される。三年を乗り切れない人も大勢いるし三年は長い。世界が変わる瞬間を私たちは体験している。その体験は分断を深める。知覚のレイヤーが多層化するからだ。そのため移りゆく世界をとらえるグランドセオリーはハイレゾリューションになる。内向きになった本との暮らし、ただし、本屋での「二割」の場所は、新しいベーシックセオリーへと向かっている。

読者の「こころ」の気分は、こんな景色の中を過ぎていく。哲学者は概念を提示する。その概念はそのままグランドセオリーだと、「中動態」を提示するのは國分功一郎さんで、脱成長コミュニズムという概念で「人新世」を語る、斎藤幸平さんの歩みの向こうにコロナの三年後が見渡せる。芸術革命のブルトンは『ナジャ』で、「ロシア語で希望という言葉のはじまりだから」自らを「ナジャ」と名乗る女性を書いたが、希望の概念はいつも人を裏切る。救済は未来でなく今ここだと「捨ててこそ」の講釈師、栗原康さんの説く、概念よりも感情だと歌い踊るそのグランドセオリーも相補って新型コロナ三年へのリアリティを導くように思える。本屋のベーシックセオリーはこの周辺を右往左往している。

直近の読者が購入した本を並べているのは、本屋空間に、この地域というよりも往来のベーシックセオリーを、「見える化」したいからだ。こんな本が読まれていますが、どう思いますかと尋ね、店頭で学びを深める。会話の後メールで補足してくれる人もいる。またある人は、世界がハイレゾリューション化していると語り、教えてくれた本に『つながりの作法』という綾屋紗月さんと熊谷晋一郎さんの対話があった。ハイレゾリューションの世界が簡潔にとりまとめてある。本のある暮らしもここまで高解像度で語られることに驚く。そして次なるグランドセオリーはこの「当事者」の場所を抜きには語れないと思うようになった。

定有堂の「推し本」

店頭で、本をすすめて欲しいと声をかけられることがある。若い男性に「クリエイティブな本を読みたい」と求められた。問いがあまりに大きくて一瞬たじろぐ。森のように大きく茫漠とした問いだ。「大学生なの?」と聞く。「どこの大学?」「なぜそんな類《たぐ》いの本を読みたいの?」「そうか、行く末のことを考えているんだ」と問いを森から木へと倍率を変えていく。鳥取出身、九州の大学で水産専攻、この時期大学は面白くないが、バイト先の人がとても親切。その会席料理店の仕事が楽しい、というところまで問いの出自がせばまった。

そうか料理は彼にとってクリエイティブなのかもしれないと思った。ちょうど数日前、近くの食堂「tottori カルマ」の丸山伊太朗さんと話をした。丸山さんは二年ほど前から鳥取に定住し始めた人で、東京中野でレジェンドの料理人だった。著書もある。丸山さんの心の扉を開きたくて、「大切にしている本はありますか?」と尋ねた。玉村豊男『料理の四面体』かな、と教えてくれた。大学生にその話をした。文化人類学の本でもあるらしいよとも付け加えた。「ボクは料理嫌いじゃない、思ってもみなかった」と言い、買って帰った。

定有堂は「読む会」という人文書の読書会を三十年以上続けているので、その関連で概念性の高い本を求められることが多い。いま共通の心象風景は「分散」だろうか。結果、「このもの性」(個人性)そして当事者性が際立ってくる。個の属性がふくらみ「つながり」が粗になってくる。一人一人の視野の解像度が上がり、ハイレゾリューション(高解像度)の状態になる。

こういう理解のもとに次のような本を店頭では話題にし合っている。國分功一郎・熊谷晋一郎『〈責任〉の生成』、綾屋紗月・熊谷晋一郎『つながりの作法』、斎藤幸平『人新世の「資本論」』、栗原康『はたらかないで、たらふく食べたい』の四点だ。

ある人が「コナトゥス」という言葉が大事だよと教えてくれた。自由とか欲望の根底にある衝動のことだ。國分の功績は、意志と責任(レスポンシビリティ)のねじれを、応答(レスポンス)という形でときほぐしたことだろう。結論は「免責されたからメカニズムが解明され、引責が浮き上がる」という発見だ。ねじれは「責任」を成立させるために「意志」を後付けしたところにあった。そしてこの作業は、当事者研究の熊谷晋一郎の立場と、はげしく共振する。

綾屋・熊谷の『つながりの作法』はとても面白い。「分散」の風景に光がさし込んでくる。アスペルガー症候群ゆえに「身体内外からの情報を細かく大量に拾いすぎてしまう」（解像度が高い）人と、脳性まひゆえにつながりにくい、正反対の二人の事例交換だ。健常者は解像度が粗《あら》いので、いいかげんな「まとめ上げ」で平気でいることができる。私たちはいま、閉塞状態の中で「分散」されハイレゾリューションとなった、新しい日常を生きている。ざっくりした「まとめ上げ」ができなくなったおかげで、はじめて当事者問題をひとごとでなく実感できるようになった。

もう一つ、ここ一年コロナ禍の中で、気候変動の危うさが体感されている。そして同時に斎藤幸平の知見が注目を集めている。地球の危機が可視化されつつある今、もう身の丈の改善では間に合わない、社会の脱炭素化を目的に、脱成長コミュニズムという未来を、つくり出すべきだという結論だ。一方、未来を信じないのが栗原康だ。心情的なアナキストで、身の丈感覚の人だ。東日本大震災という過去から時間が止まっている。しかしそこで見た「相互扶助」だけは手放さない。キリスト教的な一直線の時間意識と、東洋的循環の思想との対比だ。私は栗原の「ほどこしを感謝という見返りに変えるな」という一言に強く心を打たれたことがある。異才ブレイディみかこのアナキズムの核心も、「どうなるか分からないけど、それでもやってみる」という決断にある。

本屋で交わされるのは「小さな声」だ。未来を論じる場所でもない。出合いが、今日と明日を少し明るくするだけだ。どんな理想をかかげても、人間は必ず未来に過《あやま》つものだ。今日を丁寧に生きる「小さな声」を拾うのが本屋の「推《お》し本」だ。

閉塞と覚醒

　このところ、唯名論と、それに対立する概念に、興味を引かれている。言葉は必ずしも対応する実体を持っていない、そうだろうか、というようなことがらの話だ。「覚醒」というのは、概念（言葉）が、暮らしの中に侵入してくる事態を示す。停滞、足踏みが久しく続く。日々が単調になったということだ。本を読む時間がおのずと増える。こんなとき酒屋であれば酒に耽溺するのかもしれない。本屋であれば書物に耽溺するのが自然なことかもしれない。ここでなぜ「覚醒」という言葉を用いるかというと、本屋の棚にあるリチャード・E・ルーベンスタイン『中世の覚醒』という書物が、以前から気になっていたからだ。この覚醒もどうやら書物への耽溺に始まるものであったらしい。アリストテレス哲学が十二世紀に、アラビア経由でキリスト教世界に伝わってきたときに、書物に始まる衝撃が訪れる。それが「覚醒」の内実だ。

　本のある暮らし、というテーマで考えている人に出会った。定有堂教室「読む会」の仲間だ。普通に考えれば、本を読む楽しさに満たされた日常ということだろう。適度な読書は健全なことだ。しかしその量が域を超えると、普遍論的に、書物が現実の体験となってくる。少しヘンだがこれも覚醒といえる。権利上存在しうるものが、顕在化することこそが、「覚醒」ではないだろうか。

　最近読んでいた船木亨『新装版 人と思想 123 ドゥルーズ』の中で、「遊牧民は決して旅立たない。

旅は定住民のすることである」という言葉に出合った。こんな精神をノマディズムというようだ。反語に富んだ言葉のもつ文脈的拘束力が、ここでは小気味よい。私は旅立つことは好きではない。日常の輪郭があいまいとなり、自己崩壊に引きずり込まれそうになるからだ。要するに旅に出たくないだけなのだが、「決して旅立たない」という、ノマディズムの大きな物語に自分を重ねると、何か心安らかになるものがある。

旅立たないために書物を手放さないのだろうか。きっとそうだと思う。何かを見ないために何かをする。読書もそんな構造を持っている。ペスト・パンデミックの現実を見ないために、フィレンツェ郊外に引きこもって、退屈しのぎに物語を披露しあう、ボッカッチョ『デカメロン』という本に目を通した。持ち回りの話も、十日と続き数多いのだが、なんとなく苦難を機転でのりこえた、というパターンが印象に残る。ここでは「語り」だが、本を読んだりしてやり過ごしていても、いつかは外部に平和が訪れる。しかし本当だろうか。エドガー・アラン・ポーの作品に、「赤死病の仮面」がある。出血死する、赤死病と呼ばれた疫病が蔓延する中、城砦に閉じこもり、宴《うたげ》に浸る貴族たちの中に、ある日仮面の男がまぎれ込む。一瞬のうちに全員が感染し、死に絶える。長く続く宴と、一瞬の終焉というのが、おそろしい。

ところでノマディズムというのは、現実対応に身をまかせて行為するのでなく、観念性のひそみに身を委《ゆだ》ねることでもある。移動を常とするわけだから、身を任せるほどのたしかな現実はそこにない。あらかじめ確固とした現実を思い描き、外界に投影していくしかない。荒れ地での覚醒の形態だろうか。ここ一年余の閉塞の中、現実が与えてくれる豊かさは遠のいていく。幸い書物は補うようなかたちで現実味を提供してくれる。書物の中には、概念や観念が、豊かに埋もれている。現実そのものではないが、現実を補完するものを、独特の仕方で与えてくれる。そこで、言葉は、唯名論的なあり方ではなく、普遍論的なありようとなる。書物のノマディズムに思いを馳《は》せる。しかし、ふとした隙に現実が仮面をかぶって立ち現れるかもしれない。逃げ切れるだろうか。それが問題だ。

書物は、概念的な内容のものや感性的なものや、数多くいろんな種類がある。閉塞的だが、移り変わることをやめない季節がめぐり、日々読書という行為だけが時を刻む中で、ふと心引かれる和歌に想いを重ねてみた。心の屈折が、概念的な読みへと道筋をはこんでしまう。

春ごとに花の盛りはありなめど会ひ見むことは命なりけり（小町谷照彦訳注『古今和歌集』）

覚醒するものは、そのような「いのち」なのかもしれない。

第四章

「本屋の青空」を見上げて

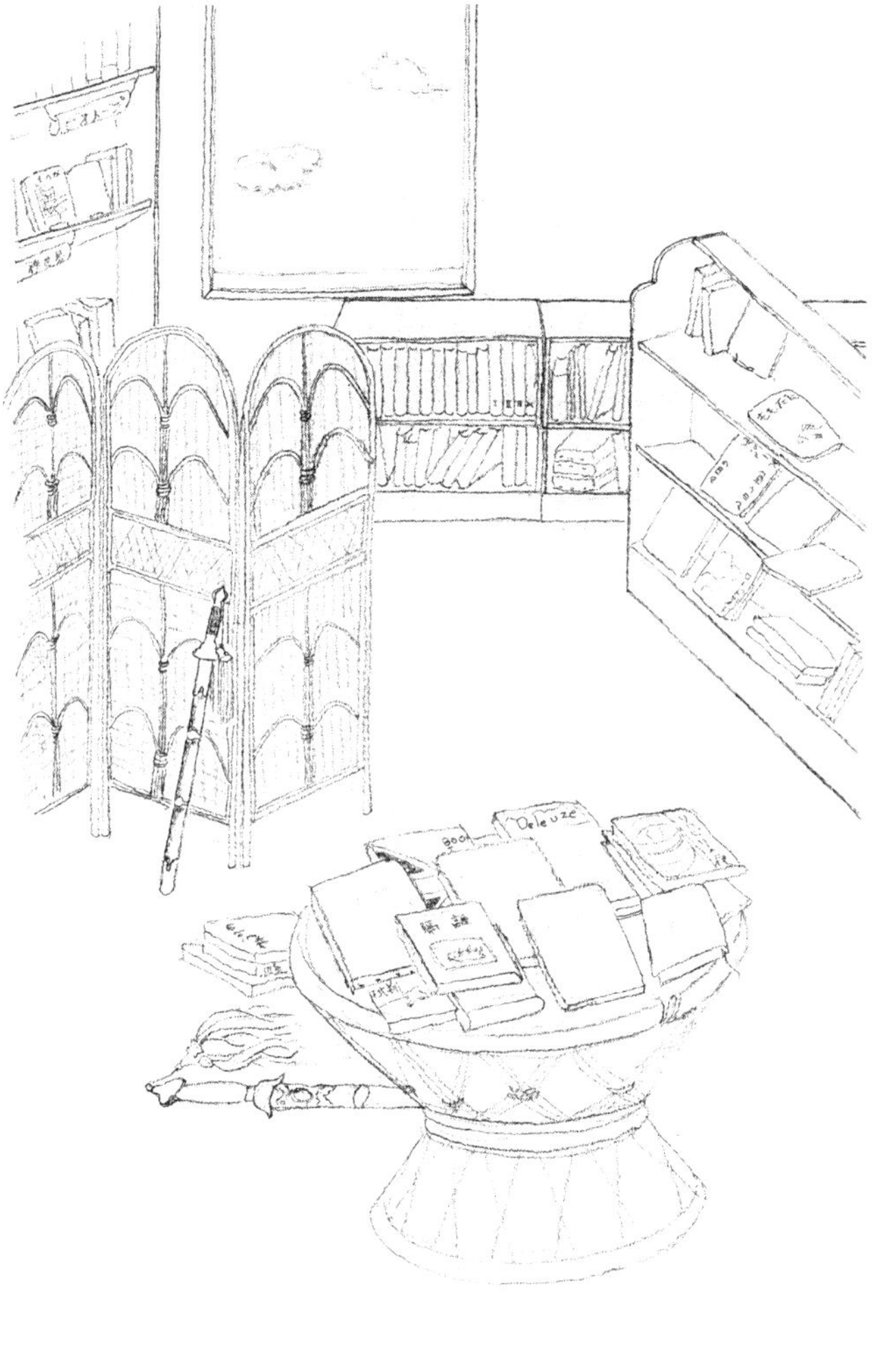

何度でもやり直す

六月下旬、久しぶりにＪＲに乗って、県中部へ出かけた。穴蔵から顔を覗かせたような気分の高まりで、書店組合の総会に出席した。車だと、玄関から七十分くらいの距離だが、各駅停車で九十分かけての移動を選んだ。スローな時間を過ごしたかったからだ。

書店を含めいろんなことが、時間に追い越されたという気がする。いつも数歩先に意識を構え、現実の時間は数歩後ろに流れていた。その時間と意識が、同期してきたような感覚だ。停滞は性に合わないので、逆向きに歩くのはどうだろうと思い始めている。時間を逆向きに追い越すというのはどうだろう。それが何度でもやり直すということだ。

最近、「定有堂の推し《お》本」というカードを、いくつかの本に添えるようになった。いままでは、読者の前を歩くのはいけないことと、自分に言い聞かせてきた。でもこのところ読者の人と対話していると、読者は「思いがけないものだが実は求めていたもの」との出合いを求めている、だから「推し」でもいいのだと気づきはじめた。でもやはり前を歩くのではなく、時間を逆に巻き戻すという方向で考える。

　例えばその一つに、山内志朗『目的なき人生を生きる』がある。目的がいらないなんて思いがけない主張だ。しかし実は、目的をリセットするという内容で、自分が求めている世界だと気づく。スコラ哲学の本なのだ。「欲望は原初形態において対象を持たない」という話の核が、気に入っている。対象をリセットする。つまりやり直しの話だ。欲望自体は、生きるエネルギーなので変化しないが、その対象は変化する。対象において欲望は実現するので、欲望が満たされないのであれば、対象をリセットすべきだ。何度でも欲望の現在を確認して、やり直す必要がある。いまは追い越そうと接近する時間を無視して、スローに呼吸し、後ろ向きに歩み、もう一度欲望の初発へとたどり直すのも、いいなと考える。

　書店と出版社との直接取引を代行する版元トランスビューと契約する本屋には、分厚いカラーの新刊案内が送られる。その付録に、石橋毅史さんのレポート「本屋な日々」が添えられ、愛読している。コロナ禍と時を同じくして一年余の休載が続いた。それは私にとっては事件だった。一番聞きたいときに、石橋さんの声が聞けない。ここにも時間に追い越された風景を感じた。さいわい五月から復活した。復活やり直しの嚆矢は「あなたへ伝えたい本」という切り口だった。いままでのように「伝えたい本屋」ではなく「伝えたい本」。対象が、欲望の源流にリセットされた、と解釈した。一年余の空白が「欲望」の原初形態を見出《みいだ》したようだ。橘川幸夫『21世紀企画書　日本型インターネットの可能性』が紹介されていた。二〇〇〇年刊行の本だ。急ぎ古書で取り寄せる。二日で読み終えた。新世界が登場しても、人は自分の文脈を手放さない、と理解した。石橋さんは、「あの頃の自分が再び頭をもたげる」と締めくくっている。思えばその年に、定有堂は手づくりでウェブサイトを立ち上げた。日々興奮のるつぼだった。

著者の橘川さんの結論は、「インターネットの最終形態は個人の電話機がサーバーになる」ということのようだ。この身の丈のサーバー（砦）と向こう岸のネット世界の間にあって、中抜きが加速するほど、間を取りもつ存在が必要となる。それがメディウムで、人もメディウムの一つとなる可能性をもつ。私は「一人メディア」の時代がやってくると受け止める。中間にあるメディウムが、自分の欲望の対象だと、初期設定を明確にする。

本屋は「商い」という表象において、メディウム（メディア）の一つなのだ。そこには「商いの筋」があり、「人を集めるということはどういうことなのか」「人の生活に入っていくとはどういうことなのか」と、この企画書は強く問いかける。大きなメディアが力を失いつつある今日、小さなメディアからのやり直しが始まる。本屋は小さな一つのメディアだ。著者のもう一つの結論は、人と人をつなげる最大のメディアは、「意識の根底にある悲しみ」に触れるものだと指摘する。人の心に寄り添うのが、商いの筋という意味だろうか。

世が移ろい、そして果てに残るのは欲望の原初形態だ。ここから何度でもやり直せる。やり直すうちに、目的は他でもない、自分の根底に向かって歩んでいただけだと気がつく。

読書について

本屋が、いつでもカウンターで読書をできるわけではないが、でもそんな本屋の人の、読書の風景は何かが違う。

個人の書斎をたまに見せてもらうことがある。個人の好みで集められた本なので、その人を超えた世界ではない。本屋には本屋自身とは別の時間が流れている。その別の時間とはなんだろう。

個人の棚と商いの棚という違いがあるのだろうか。個人の読書の原風景は、知っているが語り難いために言葉を必要とする、そんな姿をしている。商いする人の読書は自分が本屋の棚に置かなかった本との対話にある。本屋の棚は「個性を捨てて個性的」なのだ。その捨てた個性を惜しむように本を読む。

ずいぶん前に刊行された本でも、本屋の棚にある本はすべて「現在」の鼓動を刻む。必要な本とは自分に寄り添ってくれる本だ。その「自分」とは読者であり顧客でもある。

本屋の「読書」というものを考える。本屋は本を読む。発売前の近刊の情報に積極的に触れる。出版社の案内に目を通す。発売三日前くらいの取次のデジタルデータを読む。そして発売当日の書影、内容説明つきのサイト情報三百点ほどをなめるように追う。これが本屋の表層的読書だ。洪水のような本の流れに身を投じて拾い上げるのはとても楽しい。象徴世界の読書と言えなくもない。

自分の本屋の読者に寄り添いそうな本はそこにせいぜい五点くらいしかない。たとえば読書は個人的な経験で、読書会は多数の経験と言われる。本屋は日々棚で読書会を行っているようなものだ。読書会には必ずしも結論は必要ない。でも何となく思いが落ち着く時間が訪れる。本屋のそんな思いが落ち着く時間を棚に反映する。

店のカウンターに座って、本に傍線を引きながら読んでいる本はどんな本だろう。ラインを引いているのだから店頭の本ではない。きっととても狭い分野の本だ。店頭の本は「現実」の中で寄り添ってくれる本だ。でも「現実」の外で寄り添ってくれる本もある。カウンターで本を読む人はそんな本を求めているのかもしれない。例えば「形而上学」。形而上学とは「この現実の自然の外になんらかの超自然的原理を設定し、それに照準を合わせながら、この自然を見てゆこうとする特殊なものの考え方、思考様式」と木田元『反哲学史』は教えてくれる。

本を読むときには心にひっかかるところに傍線を引く。最近は10Bの鉛筆を使う。本には必ずしおりひもを自分でつける。カバーはのり付けする。こんな儀式が楽しい。読み終えたら、傍線のところだけを再読し、忘れたくない一節に印をつける。記憶力がだんだん茫漠としてきているので、その部分を抜き出してコクヨのドット入り罫線ノートに書き写す。しばらく時間をおいてノートに目を通す。心にひっかかるところに印をつける。最後に残るものは「概念」だ。

本を読むのはたくさんのことを求めてではない。知っているが、感じてはいるが、語り難いもどかしさの中で、その茫漠とした想念を言い当てる概念（言葉）を探し求めているだけだ。具体的に存在するわけではないが、いつも他者と概念（言葉）の交換を必要としているのかもしれない。概念（言葉）は交換できるのだ。フェリックス・ガタリは「主観性の形成体は個人という〈区分〉と合致しない」（『エコゾフィーとは何か』）という。読書は自分を半歩だけ外部に引き出してくれる。

読書思考圏域

七月のはじめは、県内に大雨被害が多かった。本屋に訪れる人も少なく、閑散とした日が続いた。その後、梅雨明けの強い日差しが、やってきた。人も戻り始めた。ある日、一人で三万円以上も、本を買う人がいた。驚いた。本に挿入している私製のスリップを見ると、店内をどう動いたかが見えてくる。奥溜《おくだま》りの人文書に、関心があったようだ。レヴィ＝ストロースの『野生の思考』などの人文書が、購入の中心だった。若い人で、知識欲の旺盛な人、だと推察できた。

その中に、「定有堂の推し本」のカードがついている本が、いくつかあった。伊藤亜紗編『「利他」とは何か』、山内志朗『目的なき人生を生きる』もありうれしかった。見ている世界、感じている世界が、定有堂と重なるようで、親密感を抱いた。小冊子の『音信不通』も、持ち帰ってくれていた。いっそう一体感を感じた。声をかけたかったが気後れした。それで手持ちのデニム地のトートバッグをプレゼントし、本を詰めて手渡した。せめてもの好意を示したかった。

アレントの『人間の条件』もあった。これは、人文セレクトコーナーの核と思える本だ。棚には横書きで「小さな道しるべと自己肯定」と記してある。矢田部英正『日本人の坐り方』もあった。これは少し離れて、ＢＡＢジャパンを中心とした身体論・武術論のコーナーに、埋もれていた本だ。

奥本大三郎『ランボーはなぜ詩を棄てたのか』もあった。入り口近くの新書新刊コーナーに、さりげなく差してあった本だ。ランボオが好きなので、あえて目立たないように、隠していたつもりだった。

三万円以上買っているので、それ以上言えなかったが、レジ前方に面陳している『対訳ランボー詩集』もすすめたかった。仏語対照がめずらしい。『目的なき人生を生きる』は、版元品切れがつづいていて、希少だとも言いたかった。新刊コーナーの山内志朗『無駄な死など、どこにもない』や『自分探しの倫理学』も、案内したかったが果たせなかった。

「推し本」カードだが、『目的なき人生を生きる』には、「ここは蒼ざめた倫理学／幸福な死に方をしなければ、幸福な生き方をしたことにはならないのか？」と書いた。『「利他」とは何か』には、「純粋利他の大原則＝自分の行為の結果に見返りを期待しないこと。あたり前ですが……」と記している。

そういえば数日前、綾屋紗月・熊谷晋一郎『つながりの作法』を購入し、カードも持ち帰りたいという女性がいて、うれしかった。そこには、「身体内部の情報を細かく大量に拾いすぎて、外の世界と『つながり』にくくなった人へ」と書いている。

山内志朗は『自分探しの倫理学』の巻末を、「自分とはハビトゥスの上で咲く〈花〉なのである」と結んでいる。そういえば、「花が存在する」「存在が花する」といった碩学もいたが、同様のわかりにくさの同一線上にあり、愛読者にはよくわかる理路なのだ。冒頭では「言葉や論理を挫《くじ》くところにしか、真実は現れない」と断言しており、しびれてしまった。いま一番気になる人だ。

六月の定有堂教室「読む会」のテキストは、『人新世の「資本論」』だった。著者の斎藤幸平は、

『未来への大分岐』の中で「Think Big!」と、立場を示している。環境危機を踏まえた、ポストキヤピタリズムとしてのコミュニズムの視野だ。

四月にはブレイディみかこ『労働者階級の反乱』を講読した。このThink Big!と「地べた」の両極を視野に入れるのが、定有堂での読書思考圏域だ。いろんな議論があったがいつも結論はでない。私は、「先の約束」には、懐疑的なところがある。やってみないと善し悪しはわからないが、「いま」の危機意識をバネにする短い判断を信頼したい。

いま山内志朗に興味を持っている。スコラ哲学者なのだが、天使主義を批判していう。それは「規範性や道徳性を尊厳としてのみ見る者」だと。天使は肉をもたないから「地べた」を知らない。山内志朗のキーワードは「コナトゥス」「ハビトゥス」「このもの性」だが、私にはまだ理解が及ばない。でもこの方向に圏域を広げてみたいと考えている。スコトゥスの『形而上学問題集』に「石の本性はそれ自体で個体なのか、それともある外的なものによって個体であるのか」と述べてある。その理路に重ねて山内志朗は、「個体の中に独立して宿っているものというよりも、世界という場面の中で輝きだすもの」と、「このもの性」を説明している。

「このもの性」を中心に最近考えているが、先日ある人に「定有」を旗印にしているのですから当然ですよね、と示唆され驚いた。数十年を経て同じ場所に立ち戻っていたのかと理解した。

読書のバイアス

バイアスというのは偏《かたよ》りのことだ。町角の小さな本屋という場所で考えているので、偏り傾向が強くなる。人の個性と本屋の個性が、読書のバイアスという面で重なり合う。

驚きのない読書はおもしろくない。これもバイアスなのだが、逆に言うとバイアスのない本屋はおもしろくないのではないだろうか。驚きというのは、こうだと思っていたが実はこうだった、というところに生成する。でも一方で生死事大だとも思う。実存に触れてこない読書は無意味な気がしないだろうか。

読者の方に向かって選書しても売れない時代が長い。売れないと逆に自由が生まれる。バランスの中に売れるきっかけは失われ、バイアスの中に共感購入という余地が生じる。門外漢だが最近量子力学に驚きを見出している。独学者なので本屋トークの端々にバイアスが露出するようで、同情して下さったのか、「読む会」選者の岩田先生が、数カ月先のテキストに、奇書を指定してくれた。佐々木閑『仏教は宇宙をどう見たか』だ。工学部で科学哲学を学び、のち仏教学者になった人の著書だ。「空」観は目に見えているものへの懐疑に始まる。結果、現象でなく「極微《ごくみ》」で考える。同様に量子力学では原子のレベルで考える。読む会で他人の意見が聞けるのが楽しみだ。

「独学」というのは好きな言葉だ。関心が狭いので、よけいなことには関わりたくないからだ。この狭さのありようを説明すると、「知る」ことに、私のオブセッション（やむにやまれぬこと）があるのだ。そして狭さとアブダクション（仮設的推論）は一つこと。説明のつきにくい現象に出合ったとき、なんとか秩序立った理路を見出したいと願う。そして性急な心の中にバイアスが生じてくる。

説明のつきにくいこととは何だろう。個人的に好きな言葉がある。

「必ずや滅び去るべき生物体のなかに、滅びることを肯《がえん》じない心が生まれ、しかも心自身がそれを知ってしまった」。木下清一郎『心の起源』の中で見つけた数行だ。私のオブセッションのアイコンのような一言だ。

そこには滅びるのが嫌だ、という心の叫びがある。乱読を重ねていたある日、アブダクション的な「解」に出合った。「滅びること」と「滅びに気づく」という二項の因果律を切断すればいいという知解だ。そのときはちょうど頼住光子『正法眼蔵入門』を読んでいた。「われわれ自身のとらわれている基準を相対化すること」への教えと要約できる。「生も一時のくらゐなり、死も一時のくらゐなり」という。薪《まき》が燃えて灰となる。この因果律を切断すれば、薪（生）と灰（死）が別個にあるだけだ。切断を効果的にするためには、「極微」なあり方であれば、いっそうたくさんの切断点ができる。つまり時間（因果）がなくなる。基準の相対化が完成する。

結論は因果律を切断するということだ。ところで確証バイアスという言葉もある。結論を見出すと、同一の発見をくり返したがるという心の習慣だ。

例を挙げると次のような本を読んでいる。ドナルド・ホフマン『世界はありのままに見ることができない』、カルロ・ロヴェッリ『時間は存在しない』、日高敏隆『動物と人間の世界認識』、野村泰紀『マルチバース宇宙論入門』、井筒俊彦『意識と本質』、篠原雅武『「人間以後」の哲学』、フランシスス・クリック『DNAに魂はあるか』、フランシスコ・ヴァレラ他『身体化された心』など。いずれも「極微」の世界観だ。現象が「情報」として理解される。『世界はありのままに見ることができない』の世界観は「時空はインターフェースのデスクトップ画面であり、物体はそのアイコンである」、ドットは素粒子であると語る。アブダクション的にわかりやすいが本当だろうか。

一個人のアブダクション的な話だが、本屋なので、そのまま本屋のバイアスとなって棚の一角を占有している。こんな読書のバイアスに興味ありませんか。

権力を取らずに世界を変える

石橋毅史さんの『「本屋」は死なない』を久しぶりに手にした。二〇一一年刊行の本だから、十年の年月が過ぎている。きっかけは二つあった。一つは、石橋さんから送られてきた「本屋な日々」の最新号が、ジョン・ホロウェイ『権力を取らずに世界を変える』という本の思い出だったからだ。この本は、『「本屋」は死なない』執筆のモチーフだったと、後書きに記してある。もう一つは、先日会った出版社の二十五歳の青年が、この石橋さんの本を知らなかったからだ。歳月を実感した。

お取り寄せで食したばかりだったので、石橋さんに、「権力を取らずにウナギを食べる」というのはどうでしょう？　とメールした。気持ちとしては、金銭にゆとりがなくても、エイヤとウナギを食べた快挙を、言祝《ことほ》ぎたかった。二十歳の頃だろうか、「もっと強く願っていいのだ／わたしたちは明石の鯛がたべたいと」という茨木のり子の詩を耳にした。詠《よ》まれた昭和三十年頃のこの詩のメッセージは、「もっと貪婪《どんらん》に」という歯ぎしりだった。私の二十歳は、革命を起こしても、願いは鯛を食べることくらい、という願いの小ささの、おかしさだった。すでに敗北していたのだ。

『「本屋」は死なない』を最初に読んだときには気がつかなかった。石橋さんにとって、「本屋」とは、権力を取らずに世界を変える生き方だった、ということに。序章・一章・終章と、五坪の小さな本屋についてこだわっている。身の丈から世界を撃つという構成だったのだろうか。「情熱を捨てられずに始める小さな本屋。それが全国に千店できたら、世の中は変わる」という言葉を拾っている。五坪の本屋の店主の気持ちは、大きな書店で働いていた人だが、そこでは疎外され続けた。だから小さな本屋千店で、「気持ちを分かち合いたい」という望みだった。しかし石橋さんの読みは、「権力を取らずに世界を変える」、その営みの発見だった。その言葉が題名の本の著者ホロウェイは、「国家を通じて世界を変える。これが一世紀以上にわたって革命思想を支配してきたパラダイムです」と述べる。石橋さんの気づきは、権力を取るというのは、国家を支配下におくということだが、そんな巨大な合意のもとではなく、千人単位の小さな合意で、ユートピアは築けるという意識の転換だ。

「国家の支配をめぐる闘いに代わるものとは、何なのでしょうか」とホロウェイは問いかける。「自分がなんであるかについて外から限界を押しつけられるのを拒《こば》むこと」と答える。石橋さんは、この抽象的な問いかけを、日本の五坪の本屋の始まりに見出したのかもしれない。

二十五歳の青年の出版社は、今年は「共有地」というキーワードを合い言葉にするそうだ。石橋さんは同じことを十年前から夢見ている。

支配をめぐる闘いに代わるものとは、何なのだろう。「共有地」というのは、コモンズというと少し雑多な主張になるので、あえて抽象的に抑えたものだろう。石橋さんは「共有地」という、あるようなないような言葉は使わない。「本屋な日々」と言う。具体的な本屋的人間の生きる日常があるだけだ。連載は九十回に近づこうとしている。

本屋が仮に身の丈の営みならば、そこには「本」と関わる身の丈の民俗が読み取れる。個別性の強い世界だ。石橋さんの記録は、既存のシステムの中に居場所を見つけられなかった人間の、七転び八起きの話なのだと思う。本屋に向けて「もっと強く願っていいのだ」という励ましなのだ。

本屋の「屋」は営む人の属性のことだ。「本屋」は、「本」を手立てとした「やり直しの形式」なのかもしれない。そこには「ピュア」な何事かがつながり続けている。

記憶を折り畳む

今日は鳥取県民文化会館の駐車場が満員だった。大学の卒業式があったらしい。大学は二つある、どちらだったのだろう？　夕方、「読む会」のメンバーの三浦拓海さんが「今日卒業式でした。でも、院に二年残るのでまたよろしくお願いします」と挨拶に見えた。鳥取大学の卒業式だった。流体力学の研究をするそうだ。

「読む会」にはもう一人鳥取大学生がいる。『音信不通』の寄稿者の森本龍哉さんだ。卒論で「読む会」と本屋のことを書いている。「本がある、人がいる――定有堂教室「読む会」を通して見えた世界」というタイトルだ。卒業後は映像メディアに就職が決まっていて、なるほどと思わせるドキュメンタリータッチの論文で、感性豊かに描かれていた。大学でも評価が高かったらしい。

公立鳥取環境大学に入学早々『音信不通』に寄稿していた、北海道出身のN・Uさんも四年が過ぎた。後半年ほどは大学に残るらしい。卒論は「鳥取県東部の小流域におけるニホンジカ（Cervus Nippon centralis Temminck）の分布が土壌に与える影響」というタイトルだった。専門的で研究成果の判断はできないが、構成のしっかりした理系の研究と感心した。

二〇二二年三月上旬には九州の大学生（二回生）が訪ねてきた。京都の待賢ブックセンターの鳥居さんの紹介だった。コロナ禍でリアル授業が失われ、自力で大学生活を工夫しているそうだ。幸い空き家を貸してくれる人がいて、集会所を兼ねて本屋を営んでいる。本の仕入れは鳥居さんが力添えしている。店内写真を見せてくれたが居心地の良さそうな空間だった。

興味を持ったので今どんな本を読んでますか？　と尋ねた。旅の途中訪れた本屋で、こんな本を購入しました、と鞄《かばん》から取り出して見せてくれた。西村佳哲『かかわり方のまなび方』、國分功一郎『暇と退屈の倫理学』、國友公司『ルポ路上生活』、森毅『まちがったっていいじゃないか』『続・ゆっくり、いそげ』の五冊だった。最後の本は知らなかった。影山知明著、クルミド出版だった。仕事と生き方、それもオルタナティヴというつながりだろうか。『暇と退屈の倫理学』はちょっと読み方が分からないとのことだったので、付録の章の「傷と運命――『暇と退屈の倫理学』増補新版によせて」を最初に読むといいですよと告げた。「サリエンシー」という概念の創出がユニークだからだ。自分で概念を創出し、その概念を説明するという手法が面白い。

この九州の大学生は鳥居さんが作ってあげた「本屋のご朱印帳」にサインを求めて旅している。そしてサインをもらったら必ず本を一冊購入するルールらしい。さて定有堂の一冊は？　今だと『つながりの作法』だと思ったが、少し迷い、内沼晋太郎さんの『本の逆襲』をすすめた。「当事者研究」は自分の関心事だが、踏み込み過ぎてはいけないので本屋つながりにしておいた。旅の「最後にいいことがあるそうです」というので、ここを終点にしてはいけないと、あわてて「ご朱印帳」の行く先を増やし、「汽水空港」と書き加えた。その日のうちに行ったのだが、お休みだったそうだ。

少し前には、ボクサーになりたいけど、仕事と生き方をどう考えたらいいのだろう？　と問いかけた若者がいた。鳥取大学生だった。いずれ転身の時期が必ず来るから、「やり直せる」ということをテーマにしたらいいのではと答えた。そのためには、人のつながりを豊かにしておくのが大事だろう。

今はコロナ禍で学園生活が閉ざされている。でも考えてみれば、私たちも大学紛争で学園は閉ざされていた。それは一つの所与だった。ミニコミを作る。人の集まりを作る。すべてはそこから始まった。それから長い時間が過ぎ、たくさんの人と出会いすれ違った。ほとんど一期一会だが、記憶に刻まれる事柄も多く、その記憶が折り畳まれて今を生きる。仕事と生き方について正解はいまだに何一つ分からない。分からないどころか、今後ますます仕事観・生き方観は変貌する。記憶を折り畳み続ける果てに、きっと何かしら良いことがあるのかもしれない。

固定観念

新潮文庫の新刊に、ライオネル・ホワイト『気狂いピエロ』が入っていて驚いた。ゴダールの有名な映画だが、原作があったとは知らなかった。驚きは三つだった。

世間を騒がした作品だったのに、原作の日本語訳は、このたびが初めてだったということ。

もう一つは原題が『ＯＢＳＥＳＳＩＯＮ』だったと知ったこと。オブセッションとは観念に取り憑《つ》かれることで、妄想、強迫観念の意味だ。私はこの言葉の使い勝手がよく、思考のアイコンのように多用している。私的衝動の初発性ともいえる。ただ訳語としては「固定観念」を選びとる。現実に根拠はなく観念レベルの衝動なのだ。ヴァレリーの『テスト氏・未完の物語』を読んだ頃に知った言葉だ。後に『固定観念』（L'Idée fixe）という著書があることも知った。

三つ目は、このオブセッションの志向対象が、「ファム・ファタル」という破滅をまねく女だ、と解説してあったことだ。この指摘にあうまで気がつかなかった。調べたらヴァレリーの『固定観念』も肖像彫刻家の若い女性へのかなわぬ恋が動機だった。そういえば、意図せず惹《ひ》かれる作品は、そういう系列にあったのだろうか？　ジイド『狭き門』、グレアム・グリーン『情事の終り』、モラヴィア『倦怠』、シムノン『離愁』が思い浮かぶ。

ファム・ファタルが運命を狂わせるのは、そこに非対称性があるからだろう。そぐわない、手が届かないとわかっているから、慾動が立ち上がる。

私のオブセッションは解答のないものに向かう傾向がある。「テスト氏」はたしか「可能性の魔」といっていた。四角い三角のようなものだ。事実上ありえないが権利上ありうる。この次元ではありえないが異なる次元ではありうる。しかしその次元は私のものではない。ここで何かが発火する。存在論的には私のオブセッションは、ゴーギャン風に「どこから来て、どこにあり、どこへ行くのか」という問いに似ている。答えのないのはわかっているし、むしろ答えのないところにオブセッションが生まれる。

ところでタイトルに「概念」という言葉があったせいで多賀茂『概念と生』という本を読んだ。本が好きということとは「概念の魔」に取り憑かれていることだ。「どうして超越的なものが超越的でないものの『中にある』ことが可能なのか」という一節が気になった。カテゴリーの階層が違うのにくぐり抜けて通じることの不思議だ。解けない謎だが、執拗に念頭を去らないオブセッションの一つだ。

もう一つ読みかけの本がある。佐々木閑『仏教は宇宙をどう見たか』だ。そこに一つの解が読みとれる。「この世の諸存在を究極の要素にまで分析することではじめて、私たちは自分自身の組成と、その機能を客観的に理解することが可能になる」

仏教書だが量子力学の知見をとり入れた本だ。このところ「量子力学の存在論」という切り口でいろんな人に議論を持ちかけている。極微の世界で考えるというのが骨子だ。以前感銘を受けた『マルチバース宇宙論入門』の著者（野村泰紀）の新刊『なぜ宇宙は存在するのか』が目に付いたので飛びついた。存在論的な問いを共時的な極微・極大の視点、そして通時的な宇宙の発生と消滅のスケールで受け止めてくれる。結論は「生命は星屑」でできているということだ。『気狂いピエロ』の原作にはないが、映画のラストにはランボオの詩があった。字幕でどう訳してあったか記憶にないが、小林秀雄訳では「また見つかった、――何が、――永遠が、海と溶け合う太陽が」となっている。ランボオの「見者」というオブセッションが狂気をはらみ、やがてはヴァレリーの知性が「認識」において制御したと納得していたのだが、『固定観念』の成り立ちをたどると、オブセッションに終焉はなく、何かと溶け合うほかに外部へのくぐり抜けは存在しないと気づいてしまった。生成変化へ還《かえ》るほかない。血脈をたどればポーの姿があり、『大鴉』はNevermore（けっしてない）と結論を語っている。けっしてないのはオブセッションの収束の刻《とき》のことだ。

闇の奥

定有堂書店でここ一年留まることなく売れ続けている、『ふざける力』という本がある。著者はワクサカソウヘイさん。鳥取と東京の二重生活をしている人だ。親しくなって七年以上になるだろうか。プロの文筆家だが、声をかけると気軽に、『音信不通』に寄稿してくれる。親しいので当然、店内に本を置くのだが、適切な置き場を思いつかない。それで、入り口ど真ん中に、特設コーナーを作っている。

コロナ禍の中で、東京に足止めされ鳥取に来られなくなった。それで本にポップをつけ、文末に「ワクサカさんどうしてるかな?」と記した。その頃から顕著に売れるようになった。ワクサカさんの知人が買っているのかなと思ったが、購入者に聞くとそうでもない。タイトルが気になるという理由だった。

『闇の奥』というのはコンラッドの小説で、文明の光から遠く離れた異郷に魔術的な力(アウラ)の存在を感じるという話だ。そんなカルト的な世界と関係ないのかも知れないが、この小説を読んでいたらふとワクサカさんのことを思い出してしまった。いつか「未来都市トットリ」という著書も構想している、と聞いたこともある。

しかし発端は、なぜか『ふざける力』がポツポツと売れ続けていたという発見と驚きだ。「ふざける力」の一例としてワクサカさんは、東京とは「別に」鳥取に居住地を持ったことを挙げる。やや過疎地といえなくもない郊外だ。「二重」そして多重ということは「ふざける力」の本質要件だ。

ワクサカさんは、「私は常に、意味のないものによって、救われてきました。だから無意味の価値を、信じています」という。この本の主張は一つ。「ふざけるって、なんて心を楽しくしてくれるんだろう」だ。ところで定有堂は、「意味」を求める本を、並べる本屋だ。だからワクサカ本の置き場というものは実は存在しない。それで入り口ど真ん中に、つまりどこでもない場所に置いている。神棚のようなものだ、と今この瞬間に気がついた。

ワクサカさんは多才でコントのシナリオも書く。経験で、「構図から何かが一瞬抜け出した時に、笑うようです」と、ヒケツを述べる。この「構図」というのは、この本の一番大事なキーワードだ。

構図にがんじがらめになって苦しむ。だから構図から抜け出すことが人生の一大事。抜け出してもすぐ再び構図が締め付けてくる。それゆえたくさんの構図を持たなければならない。そして抜け出す手立ては「ふざける力」

ふざけて生きようというテーマだったら、自己啓発本のコーナーに処《ところ》を得るだろう。でもワクサカ本は少し違う。ぎりぎりのところで手にした、説明し切れない発見だからだ。中学生のとき歴史の先生が、授業を脱線して語った一言を、「衝撃的」な言葉としてワクサカさんは忘れない。「『絶対』って言葉はな、死以外には使っちゃいけないんだ」という言葉だった。「それからずっと、死の恐怖に怯《おび》えています。死にたくないんです」。つまり、「絶対」という「構図」に追いつかれたら、生きていくことはできない、とそのとき気づいたのだ。絶対との対蹠点《たいしょてん》に「ふざける」がある。意味を求めるその先には「無」しかない。存在の充実感は、「無」と「無」との間の、網の目上にしかないのだ。

著書の後半に至って、ワクサカさんは言う。「正直、私、疲れてきました。無意味を意味ある言葉で語ることに、ぐったりしてきました」と。

定有堂は「意味」を求める本屋だと言った。「意味」とは理念と現実との相互干渉のことだ。そこに相互承認があれば「意味のあるもの」となる。ワクサカさんは「意味のないもの」へ逃れたいという。でも「規範」から「逸脱」するという非意味化（生成変化）も、いま現在は最前線に位置する意味のある営為なのだ。

先日空港に向かう直前に立ち寄ってくれたワクサカさんのまなざしの奥に、「闇の奥」を見たような気がして、こんなことを考えてみた。『ふざける力』は、闇に分け入る奥深い本なのだ。

読書の四面体

近所で、新形態の食堂を営んでいる丸山伊太朗さんに教わった、玉村豊男『料理の四面体』という本がある。新形態というのは、シェアという方法を取り入れ成功したという意味で、雑誌『spectator』の「新しい食堂」という特集でも、巻頭に取り上げられている。この本は、料理をする人として生きることになったきっかけだ、と聞いて気になった。

読んでみたら料理の文化人類学だった。ブリコラージュの手法で、身近なものを組み合わせていくことで、任意の素材いわば「逸脱」したものが、料理という形態、「規範」に高まっていくという内容の本だ。料理の神学だと思った。超越の頂点にあるのは「火」で、底辺に「油」「空気」「水」という、三点を結ぶ三角形がある。三角錐なのだ。つまり四面体となる。

「読書の四面体」というのは、どんな形になるのだろうと想像した。頂点に「本屋」、底辺の三角形三点に「本」「人」「棚」と配置した。「本屋——本」の辺には「記憶の伝承」、「本屋——人」の辺には「本屋好き」、「本屋——棚」の辺には本屋の仕事という意味で「本屋的人間」と読み込んでみた。でもこれは単なる遊びで、それほど深い思索にもとづくものではない。ただの本屋感覚だ。

「読書の四面体」が料理の四面体と異なるのは、転がすことが可能だという点にある。四つの点（角）のいずれが頂点にきてもかまわない。料理の四面体の神は「火」だが、読書の四面体の中に神はいない。神は外部に存在する。

一つ倒して「人」を三角錐の頂点にしてみると、ここでの神は「実存」かもしれない。実存とは、人が人の境界を超えて人に思いを馳《は》せるときの、荒涼とした体感だ。

実存とは死ぬという自分のありようから目を背けないでここにあり続ける存在の仕方だ。この「実存」を描いたものとして、高村友也『スモールハウス』のことを、何度も語ってきた。インフラなどの定常世界を拒否して、孤絶した生き方と住まいを語る本だ。著者の哲学を知るには、『僕はなぜ小屋で暮らすようになったか』を読むのがおすすめだ。七年ほど前に書かれた本だ。その後どうしているだろう？　と気にしていたら最近『存在消滅』が刊行された。「死とは、『永遠の無』である。永遠の無。私はこれが、怖い。何を考えていても、結局、ここに戻ってきてしまう」と死の観念の恐怖を語り続ける本だ。人も宇宙もいつかは消滅する。「結果」から「動機」を組み立てようとするので土台が安定しない。そういう茫漠とした本だ。でもこのような、あらかじめ失われた動機から始まる世界は、嫌いではない。とても引き寄せられる観念の世界だ。

ここから始まる生はシンプルなものとなる。始まる前から終わっているからだ。著者は自身の脳の中に住まっているようなものだという。ここで言う脳の支配というのは自意識の強度を言うのだろう。フランス語で「頭」という意味合いで人物化されたヴァレリー『テスト氏・未完の物語』という本を懐かしく思い出す。エピグラフに「でかるとノ生活ハモットモ単純ナモノデアル……」と記される。自意識と生活の簡素さは深いつながりの元にあるのだろうか。ブッキッシュという面ではその通りだ。本のことしか頭にない。現実世界に生活の占める処は最小なのだ。なぜそんな単純さへ追い込まれるのか。ヴァレリーは「苦痛は、苦痛を認識へ変えてしまえるような装置を求めていた」と言っていた。ここでは自意識は自己救済の装置の座なのだ。

生活は簡単な方がいい。任意に生きる方がいい。実存の気づきは「規範」から「逸脱」へと向かう。これはしかし「料理」の方向とは逆にたどるように思える。

こんな本をめぐる考え方は、とても偏っているに違いない。本を読むと知らないことが増えるばかりだ。「人——本」という一辺を考えていたら、そんな実存の風景に出合ってしまった。私は「本」は読むが「料理」は作らない。食べるだけだ。

本屋の「このもの性」

以前、店頭でお客さんに教わった言葉に、「コナトゥス」という概念があった。大事だよということだったが、よく理解できなくて他の何人かのお客さんにも尋ねてみた。結論はいまだ出ないが、そのうちなんとなく店内空間がそんな観念性に染まりだしてきた。

そのようにして本屋に観念性の移り変わりが訪れる。きっかけはふとした会話から始まる。そんな偶有性があった方が本屋は楽しい。

「なぜかわからないがこうしてしまう」、そのことを私はオブセッション（執着）と言い習わしてきた。私の解釈では、コナトゥスとはこの執着なのだと思う。欲望と言い換えることもできる。

こんな本屋の観念性を反映するために、試しに二つの本を入り口として用意することとなった(pha〔ファ〕『持たない幸福論』と山内志朗『目的なき人生を生きる』)。

観念を日常性として生きよう、というのが久しく定有堂のテーマなのだが、常設の一冊に伊藤洋志『ナリワイをつくる』がある。日常に観念を導入すると生き方はオルタナティヴなものとなる。「ナリワイ」とは自分の生活の延長で無理をしないでできる小さな商売、とここでは定義される。しかし「ナリワイ」という言葉の先には観念を突き詰めた生き方がある。簡単・シンプルなものほど実は観念性と深くかかわる。夏のはじめに帰省し、立ち寄ってくれた、歌人の吉田恭大さんと、「ナリワイ」が気になるという雑談をしていたら、この伊藤洋志と共著を出している「pha」さんも面白い人だよ、と教えてくれた。『フルサトをつくる』という本だった。この共著者phaは見落としていた。『持たない幸福論』が面白かった。「京大卒の元ニートが提唱」と説明文にあった。京大には「吉田寮」というアナーキーな寄宿寮があり、そこでの共同生活を、卒業しても続けたい、というのが突き詰めた主張(コナトゥス)だ。そう言えば、平林克己『京大吉田寮』という写真集も店頭のロングセラーだ。

この本と楕円の二つの中心のように、もう一冊、『目的なき人生を生きる』を、大量にあちこちに並べている。タイトルに惹かれこの著者の本は数多く読んだが、とても理解が及ばない。くり返し読むうちに、言いたいことはこの新書に尽くされているのではないかと思うようになった。「形相性の中に目的はない」「目的が後から現れる」「最初に存在していたものが最後に現れる」。これはコナトゥスのことを言っているのだと気がついた。「欲望は原初形態において対象を持たない」というのが大きな結論だ。この欲望はコナトゥスの別名である。これは大きな発想の転換だ。

「このもの性」というのもつかみどころのない言葉だが、コナトゥスに執着し現動させようという意志かと思える。持たない幸福というのは、「中心を持たない存在」として生きることだ。中心を持たないために、「秩序」にからめとられないために、シンプルで簡単な生き方を選択する。

「このもの性」と「コナトゥス」、私にはうまく説明できない言葉だが、この周辺をめぐって本屋の中を整えてみたい。ここ数日何人かの人に「本屋の中がすっきりしたね」と声をかけられる。物理的には何も変えていない。変わったのは観念性だけかもしれない。砂の動き、氷の割れる音、波の音、ざわめき、そんなつかの間の出来事、それも「このもの性」だと説明される。

所在なく本屋にふらりと踏み入る。とくに目的もなく棚から棚へと歩く。ふと我に返る瞬間が訪れる。一つの言葉との出合いもそんな出来事だ。我に返るとは正気づくということだが、その対象が「我」というのが面白い。「このもの性」「コナトゥス」がそこにあると言ってもいい。phaさんは、「知識は人を自由にする」、本というのは「自分がぼんやりと気づきかけていることをはっきりと言葉にして教えてくれるもの」という。

わかりにくい本屋話になったが、生きる力は「秩序」の中ではなく「逸脱」の中でこそ発揮されるという結論だ。そして本は人を「偶有性」（個体性）の肯定へ誘うものだと考える。そこに「小さな一冊の衝撃」がある。

独《どく》学《がく》孤《こ》陋《ろう》

最近コロナ禍のせいで、「独学」という言葉をよく目にするようになって、この言葉が気になり始めた。「学び系」と「独学」の重なり具合について、結論の出ない考えがふつふつと湧き出している。

先日見知らぬ青年が、定有堂の文庫カバーを付けたpha『どこでもいいからどこかへ行きたい』を手にして、「この本を読み終えたのですが次はどの本を読んだらいいですか？」と声をかけてきた。入り口近くの、面陳文庫のお薦めコーナーの一冊だったので、そこの二十冊ほどを前にして雑談した。結局、栗原康『はたらかないで、たらふく食べたい』と坂口恭平『現実脱出論』を買って帰った。いずれも即答解決の本ではない。むしろますます分からなくするのではないだろうか。最初の本もそうだが、「分からない」という事柄との出合いが、次の読書を求めるのだと思う。暮らしの日常の中で、分かりやすい結論を掃き捨てることのくり返しの中で、知らぬ間に次の形態へと変化していく。本屋にある本からの「学び」、これも「独学」のひとつの姿だと思えてきた。

学びに二重性があるのだろうか。ポール・E・ウィリス『ハマータウンの野郎ども』という本がある。この本は久しく品切れが続いていた。春近くに新古書店で見つけライン引きのある本だったが小躍りして購入した。読み終わって気がついたが前年に重版されていた。むろん急ぎ数十冊仕入れ手配した。その後この九月に版元の人とランチする機会があり、そんな笑い話をした。「やはりブレイディみかこさんの影響ですよね」と聞いたら「え？『100分de名著』で取り上げられたからですよ」という返事だった。ブルデューの文化資本による階級格差を論じたもので、確かにタイムリーなものではあった。でも少し肩すかしだった。

この本は、私のこだわる「学び系」と「独学」を考えるのに、欠かせない本だ。指導理念に画一化された学校文化を分析してみせる。「地べた」というのは、身の丈の世界（働きの場）と、そこから見える世界のことだが、その「地べた」の側に生きる若者に寄り添った分析だ。著者はいう。「少年たちは、自分たち自身を抑圧することになる教育のメカニズムへの加担を拒んでいる」、つまり「能力主義競争の拒絶」だと。そこを訳者の山田潤は元定時制高校の教諭でもあり、エッセンスをつかんで簡潔に解説している。

「競争に加わるということは、その結果として与えられる序列を受け入れるというにとどまらず、競争のそもそもの前提にあるゴール＝価値尺度をみずからのものとして内面化するということなのだ」

学校は規律や階級意識を内面化するというのだ。学校の学びは達成度を試される。集団の中で判定され位置づけられる。競争選別でない「地べた」の学びというものがあるのだろうか。

『ハマータウンの野郎ども』は、学校文化になじめない若者を、「インフォーマルな集団」と概念化している。ここには解決にいたらないかもしれないアポリア（難問）がある。

「インフォーマルな集団に加わると、ひとは人生の見えない裏側を感知するようになる。（…）いわば二重透視の能力を身につけるようになる」

学校文化に違和感なくそのまま社会に出て行く人もいる。しかし二重透視にさらされる人もいる。先ほどの青年は、「現実脱出」「はたらかない」のコーナーに、一つの透視力を見出した。この選択は興味深い。独学は評価を求めてはならない。反学校文化の若者は労働社会の現場に学ぶ。教科書のない生活者たちの世界だ。共感するところは多いが、しかし、私は独学することは本を読むことだ、としか思いつかなかった。そして今もそうだ。難問というのはここに結論はないということだ。

整理整頓された思考の技法に巻き込まれるのは好きではない。結果にとらわれると結論に支配される。手助けを求めると人の通念にとり込まれる。

二重透視と関わりなく、ただ本を読むことにしか興味は持てない。結論の出ない勝手なことばかり述べるが、学ばず学ぶというストリート（往来）の生き方に執着し続ける。本屋は路上（地べた）に生き方を探す小商いなのだ。評価を人に委ねてはならない、ということをいつも思う。

文章作成講座のこと

縮減ということを考えはじめたのは二〇一〇年を過ぎた頃だろうか。本屋を三十年続けて、身の丈ということを大事に考えてきたが、売上の身の丈というものも見えてきた。急成長で売上が伸びているときは、支払いも大変だった。支払いに振り回されているという感が強かった。売上が落ちると当然支払いも少なくなる。売上に引きずられて拡大しなくてよかったと気づいた。縮減して身の丈に落ち着くこの場所は、余力を蓄えられる場所だった。欲望の螺旋《らせん》階段を降りたのだ。

地域の一番店にとても尊敬する書店人がいた。花井満さんという万事に公平な振る舞いの人だった。地域の書店全体の世話役のような存在の人だった。やがて社長にもなったのだが、引退直前まで、書店学校の塾長の仕事をしていた。若いとき本当は学校の先生になりたかった。キャリアの最後に教育に携われて、思い残すことはなかった、と語られるのを耳にした。引退して本を出された。書店論の本かと楽しみにしていたが、詩集だった。天職のように書店業に励まれていたのに、そのことへの関心は捨てて詩集を編まれたのは驚きだった。

そしてしばらくして会ったときには、今は放送大学で勉強しているんだと教えてくれた。その生き方は心に残った。自分もいつかは学び直しをしたいと思った。本を売ることは楽しい。しかし冷静に考えれば、もともとは本を読むのが好きだったはずではないか。花井さんの生き方に、極めて一に帰る姿を知った。

身の丈へと縮減することを考え始めたのには、そんなきっかけもあった。余力を生み出さなければならない。本屋の身の丈を考えるとは、余力を生み出すことへの方向転換でもあった。

二〇一二年の春に、武田勝文先生から声がかかった。定有堂書店開業の初期に出会った、数人の知識豊富な知人がいた。論理的な思考をする人たちだった。その共通項はこの武田先生の教え子という点だった。高校のとき、創造性開発法の「ＫＪ法」研究会を立ち上げていたのだ。武田先生が鳥取環境大学の運営に携わられていて、「文章講座」の講師を探されていた。その教え子の一人が、私を推薦した。

学びの機会が与えられてうれしかった。一クラス四十人。二クラスを受け持つ。さっそく本屋の仕事を減らした。遠くの町立図書館との取引をいくつか整理した。一日をまるまる空けられる体制をつくった。少し前から縮減を考え始めていたから、余力を活かせる準備が整っていたことになる。「本を読む力」と「文章を作成する力」との連携ができるかが、私に問われた課題だった。武田先生は公立大学化したこの年に向けて教科書を完成していた。以前は「文章表現」だったのだが、練り上げて「文章作成」講座に変更していた。自己表出でなく関係性、つまりコミュニケーションに学びの軸をおいたのだ。

たくさんの参考文献の中から、私には前田巍《たかし》『文章の勉強　フレッシュマンの日本語技法』を勧めてくれた。教師の経験がない人で、広告会社のコピーライターだった人の本だ。大学の非常勤講師になり、三年目にまとめあげた本だ。三年打ち込めば分かるものがある、と励まされた。

指導者の武田先生はとても熱心だった。五人くらいの講師を集め、授業の終了したあとに二時間以上も反省会をした。教科書以外にも自由に補助教材を用いてよかったので、用いた理由、その効果を一人ずつ説明する会だった。面白かった。私の望んでいた学び直しの場がここにあった。教え合った資料などを合わせると結局五百冊ほどを読み込んだことになる。

足かけ六年勤め上げた。五年目のときにこの学びを町の中に持ち帰ろうという考えがわき起こり、『音信不通』という月刊の小冊子を作り始めた。

この達成感の温もりのうちに引退して野の学びの日々に入ればそれはそれでよかったのだが、本屋の仕事は縮減し尽くすのに少し時間を要した。そして学び合う人々のためにと副題した『音信不通』が残った。「定有堂教室」も忘れてはならないのだが、それはまた別の話となる。

ドゥルーズを読む

去年の暮れあたりからドゥルーズを読んでいる。読んでいるけれど何一つ理解できない。理解できないから読むのが止められないのではないか、という気すらする。

そんな話をいつもの禅僧の宮川敬之さんにしたら、「分からないのになぜ読むの？」と聞かれた。「年を経てきていろんなことが夢のまた夢、と思えるからでしょうか？」と答えた。「うむ」という一言だったが諾《うべな》いと聞こえた。

分かることより分からないことの方に心が惹かれる。日常というか、生きていることの現在形の中にあるときには、シンプルな見え方の方が心に馴染《なじ》む。でもふと何かが失速し、どこから来てどこへ行くのだろうと思い始めると、少し様子が異なってくる。生きている場の枠組みが拡張し始める。巨視的方向に拡張すれば時空的・宇宙的に広がり、微視的方向に拡張すれば量子力学的に広くしかし極微的に底なしのものとなる。ここでは石も人間も同じものだとドゥルーズは言う。たしかに人も星屑も由来は同じだと人口に膾炙《かいしゃ》している。この場所と、ドゥルーズの機械状論が、限りなく接近するところだろうか。

分からないことが魅力、これもいつものオブセッションだろうか。この言葉は自分の観念のアイコンのようなもので、反復して用い続けてきている。今年に入って、このオブセッションは「欲望」の別名なのだと思い到るようになった。分からない方がいいと思うようになったのはなぜだろう。ここ二年余の新型コロナ禍の閉塞と関係あるだろうか。いろんなことを停止（エポケー）した。自ずからの気分の変化だった。そして、命には限りがあるという観念が、ようやく自分に追いついてきた。

ドゥルーズを読む、でも何一つ理解できない。この理解できないということを、人と共有してみたいという気持ちが、なんとなくある。読解して分かるのでなく、読解して分からないということを共有してみたい。否定したいのは「同一性」なのだが、共有して共有を否定するという遠回りは、変だといえば確かに変だ。ところで何が理解できないのだろう。ドゥルーズの特異性は、頻出する概念の新語造成だと思う。

分からない方向へ傾斜していく経験は、過去にもあった。そのころはそれをロシア・フォルマリズムの異化作用という言葉で納得していた。知っていたと思っていたモノが、ある瞬間から見知らぬモノへと変貌する。ドゥルーズの新語造成の由縁《ゆえん》は、それまで十分役割を果たしていた概念が、しだいに見知らぬものへと墜落していった、というところにある。モノでなく概念が異化していくのだ。むろんその前提には世界の墜落がある。「機械状」へ墜下するのだ。

墜下した世界には大洪水の後のように、石塊が転がっている。転がっているものはここでは概念だ。私には、ドゥルーズの概念を解き放ち、世界を再創造する力はない。でも本屋なので、概念の代わりに、書物を積み上げていくことはできる。

ひょっとしたらドゥルーズの意義は、その概念の網の目の時空だけで十分なのではないかという気もする。芳川泰久・堀千晶『ドゥルーズ　キーワード89　増補新版』という概念辞典のような本がある。コンテクストから切り離した概念の理解から、全体が再現できるかは不透明だが、もともと「器官なき身体」とはそういうものだったのかもしれない。私はひょっとしたら『差異と反復』が好きなのかもしれない。「このもの性」「此性《これせい》」について、それは一期一会のことだと語る人（山内志朗）もいて、心に染みる。この一点を反復して論じた書物に澤野雅樹『ドゥルーズを「活用」する！』がある。反復は同一的ではない。少しずつずれて反復する。その「ずれ」の一瞬が一期一会なのだ。

ドゥルーズの世界が異化する根本は、多数者と少数者の垣根を大きく変更する点にも見られる。当事者問題も、そのように新しい概念を挿入すれば、この垣根を反転させることもできる。社会そのものが病んでいるのだから、病者を社会へ復帰させることは何の解決にもならないとする小泉義之『ドゥルーズと狂気』も興味を引かれる。

ドゥルーズを読む、というテーマの語りだが、ここには何らの結論もない。ただ読むだけだ。結論は外部からやって来るものだと信じている。

三砂慶明さんとの一夜

関西で「読書室」を主宰する三砂さんが、定有堂教室「ドゥルーズを読む会」に参加してくれた。十二月十五日の十四時に特急で鳥取駅着。改札口まで出迎え、構内で夕食用に駅弁を購入。そのまま定有堂近くのカフェへ移動。十八時にホテルへチェックイン。十九時から二十一時半まで読書会。その後気がつけば深夜二時半まで語り合っていた。

三砂さんは『千年の読書』という著書で本と人との出合いを語り、『本屋という仕事』では編著者という立場で、複数の書店人の仕事への意識を問う試みをしている。今現在のテーマは「読書」と「読書会」ということだった。読書会の現場を体験するという目的の訪問だった。

定有堂教室「読む会」は一九八八年に始まり三十五年続いている。九年目に講師が亡くなり現在は岩田直樹さんが課題本を選んでいる。時々の社会思潮を視野に入れた幅広く深い選書だ。読んで参加することを条件にしていないゆるい読書会でもある。選ばれたテーマ自体が誰でも関わることのできる問題を取り上げているからだ。コロナ禍でふれあいを求める人が増えたせいもあり、春から秋にかけて休会が続いた。

一方、コロナ後を見据えて読書の体力を養っておかねばという危機感もあり、発想を変えて関心は狭いが密度の濃い、哲学者のドゥルーズに挑んでみることにした。岩田直樹さんを中心に縮小版の読書会を十月から隔月で開始した。三砂さんが参加したのはこの少数の集まりの「ドゥルーズを読む会」だった。

会の終了後、駅弁をいただきながら、三砂さんと語り合った。私は彼の一言一句に耳を傾けながら、青年の頃を思い起こし、影響を受けた「テスト氏との一夜」が目に浮かんだ。語ることによって形のないものが形になる。テスト氏は可能か？　と問うこと自体が人をテスト氏にする。その「可能性の魔」がテスト氏であり三砂さんだ。三砂さんは「読書」と「読書会」から始まるものを熱意を持って語る。ここから何かが始まっていいはずだし、現に始まりつつあるようだ。「読む会」

は三十五年続いているが、私は人の集まる場そのものに満足しているので、読書の体験についてきちんと考えたことはなかった。

三砂さんは読書の可能性の魔にかけている。本気度の高い読書会、例えば向井和美『読書会という幸福』もあるよと教えてくれた。店頭では十冊ほど売れていたが私は読んでいなかった。読者より半歩先んじて仕入れるが、読むのは数歩遅れるのが私の習性だった。仕入れて人に勧めるが、読むのは読んだ人に勧められてからだ。そこでは「人を殺さずにいられたのは、本があったから、そして読書会があったから」と語られていた。取り上げられる著者も「ポケットに石を詰めこんで入水《じゅすい》した」ような人たちだった。すごい強度の読書会だと思った。

三砂さんは「読む会」はフィクションは読まないんですか？　と尋ねた。そういえば読んだことは少ない。もちろん岩田直樹さんが選書するのだが、今まで一度も誰も疑問に思ったことがない。なぜだろう？　店頭でも小説はあまり重視していない。関係あるのだろうか？

「なにかオススメの本はありますか？」と三砂さんに聞かれた。前回訪問のときは高村友也『スモールハウス』や西村佳哲『自分の仕事をつくる』だった。今回は一日語り合った流れから、山内志朗『目的なき人生を生きる』を選んだ。どこまでも結論のない不思議な本だ。

「〈私〉とは個物だから、個物に定義はない。定義があるのは、個物ではなく、それらを取りまとめた『種』という一般的な事物に対してだけだ」

個にには概念規定がない。だから目的もない。「形相性の中に目的はない」「目的が後から現れる」「欲望は原初形態において対象を持たない」という主張なのだ。欲望を肯定する思想だと思う。私のドゥルーズへの関心もこの場所から始まった。

本を読むという三砂さんの欲望は、原初形態において本当は対象を持っていない。でも、本抜きで人生が幕を開けるはずがない、という三砂さんのこの可能性の魔にかける意気込みは、きっと人を動かすだろう。

沫雪に寄せて

新年にこんな「うた」を教わった。

淡雪《あはゆき》の中に顕《た》ちたる三千大千世界《みちおほち》またその中に沫雪《あわゆき》ぞ降る（良寛）

この「うた」の正確な鑑賞はできないが、入れ子構造に外界を見ている点に興味を持った。淡雪の降る「日常」世界、そして沫雪の降る「本屋」空間、という風につい連想してしまった。「本屋」はそのように異空間なのだろうか？　入れ子構造に世界を感じる人が「うた」を詠めば、そのように見ていると知れる。入れ子構造に世界を見ている人が、「本屋」をそのようなものと思えば、「本屋」はそのようなものとなる。

本屋を始めるとき、あるイメージがあった。広大な砂漠に一夜にして都市が生まれ、その後また一夜にして砂塵にかえる。これが自分の沫雪だった。乱読していた頃なので、何かの本の中の記憶だったのだろうかと思うが定かでない。稲垣足穂の『一千一秒物語』の「黄漠奇聞」かなとも思うが、あれは悪いことをして罰された話なので、少し違う。違うけど茫漠としたところは似ている。

ふとある小説の中の人物の一言がこころに蘇って来た。

「人はどこかに行かなければならないんだ、どこかに」という執拗な声だった。ドストエフスキー『罪と罰』の作中人物マルメラードフのセリフだ。学生の頃クラスのある男が一週間以上姿を見せなかったことがある。「どうも下宿でドストエフスキーを読み浸っているらしい」という噂が流れた。これも「沫雪」だと思う。生き急ぐ実存の時間の流れと空間のゆがみがここにある。

どこにも行き所を見出せず本屋を仕事とする。本の世界と日常の世界はつながっているのだろうか。品揃えは日常の世界を反映しようとして日々努力している。「淡雪」と「沫雪」というイメージの重なりを知ったとき、ふとそうではないのかもしれないと思いはじめた。

『音信不通』に「閉じる物語」というタイトルで記したことがある。「相国寺に伝わる宗達様式の六曲一双に『蔦《つた》の細道図屛風《びょうぶ》』というのがある」という書き出しで、「趣向のありどころは、この平面が、左右でつながる風景だ、と気づくところにある」と説明する。道中図で人が歩いている。平面がエンドレスにつながるのでこれも「沫雪」の世界。閉じた空間が好きなのだ。

本屋は閉じた空間だと思う。「淡雪」とつながっていると思い込もうとするが、やはり少し違うのだと思う。

本屋を始める前の「淡雪」の日常は乱読の時代だった。「どこかに行かなければならない」、もっと遠くへという思いだった。講読会で「ルソー研究」をやっていた関係で、ルソーの『言語起源論』にも興味を持ち始めた。「自然へ」というのがルソーの魂だった。そこを踏まえたスタロバンスキーの『ルソー 透明と障害』という本は秀抜だった。地中海から貝殻に覆われた醜い塊《かたまり》が引き上げられる。貝殻を落とすと美しい彫像だった、という話だったと思う。大事なものは内側にあるのだ。そうこうしているとルソー批判でもある、デリダの『根源の彼方に』という書物に出合った。大事なものは内側にはなく表層にあるという話だった。

ぐるりと一回りしたところで本屋を始めたので、その議論はもう必要のないものだった。それから四十三年が過ぎた。棚構成としての「暮らし」とそこには定形はいらないのだということを主張しているうちに、ふと思いついて「ドゥルーズを読む会」とそれに対応してドゥルーズ・コーナーができた。ドゥルーズ論は五十冊ほど目を通した。デリダも再び手にしたがやはり理解できない。でももう「遠くへ行き続ける」必要もないと思った。

「どこかに行かなければ……」と歩み続けるのだが、結局「蔦の細道図屏風」の世界だった。「淡雪」の日常を踏みしめること少なく、「沫雪」の世界に遊び続けた四十三年だった。本屋が必ずしも「沫雪」の世界だというわけではないが、少なくとも私においては、「どこかに行かなければ……」という焦燥につり合った、日常とは一つ違った「沫雪」であった。

第五章

終わりから始まる

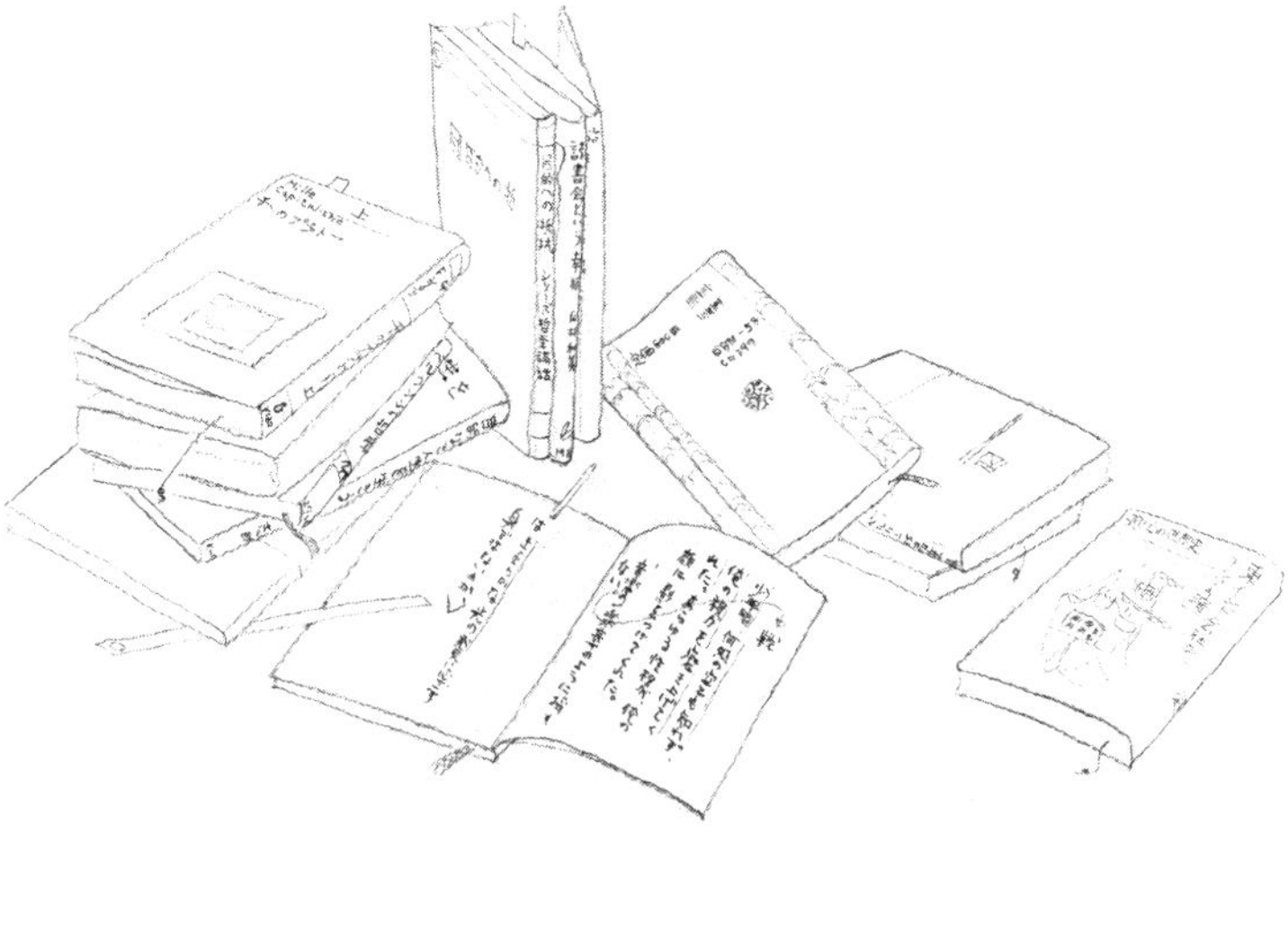

本屋と書店

定有堂はやめることによって完成したんだね、とある人に言われた。四十三年、本屋と書店の狭間で揺れ動いた。「本屋は人だ」と言い続けたのも、つねに書店を意識してのことだった。いくつか仕事を転々とするうち、仕事が主語で人が述語であるような世界でなく、人を主語とする世界はないものかと願い始めた。「本屋は人だ」というのはだから価値を転倒させて、「人が本屋」なんだということの主張だった。

「人が本屋」というのは見立ての世界の入口だ。書店は成果あっての世界だ。成果を離れて、何をやったかではなく、どう感じ、どう願ったかを求める世界があってもいいのではないかと考えた。

書店と本屋の間で揺れ動いて、定有堂は本屋を閉じることによって、その揺れを停止した。外部へ出ることができたと言ってもいい。世界の外に立つことを反世界という。否定しているわけではなく、違った価値観がそこに生じているということだ。その世界の開けを「反本屋」とも言ってみる。見立ての世界だ。

定有堂は「書店」として起業し、世の中の動きに密着し、生成変化の機微を探り続けるうちに「本屋」へと縮減する途《みち》を見出《みいだ》した。

大阪の難波に初めて図書館型書店（九百坪）としてジュンク堂書店が出店したとき、毎日新聞の書店特集のムック『毎日グラフ アミューズ』第八号で、ジュンク堂と同じ大きさの扱いで定有堂書店が紹介された。表紙も定有堂の棚写真だった。驚いた。どういう存在理由がそこにあったのだろうといぶかしがったが、「個性派書店」という紹介だった。すべてに応える図書館のような大規模の書店と、その中の棚の一つを店舗にしたような小さな本屋の二つの可能性がこのムックの中に発見されていた。

やがて時が過ぎ、成果は成果、見立ては見立てへと両極化した。見捨てられて、逆に本屋は自由になった。すべての長所が短所に、短所が長所に変わる時代が訪れている。本屋の仕事というものもだんだん正解が見えにくくなってきた。

本が好きだから本屋をやりたい。これだけの世界が訪れようとしている。いやすでに訪れている。それを初発衝動と呼ぶ。自分の内なる声に導かれて生きる。行為の結果を動機としない動的な知性がそこにある。この引き算された生き方の場所を本屋的人間と名付ける。自分の意識を起動させてくれる、他者との出会いに楽しみを見出す。それは「本」を間において人と出会うところに生成する。

「本が好きだから本屋をやる」、その入口は見方によっては未熟な入口だ。しかしほとんどが見立てでしかない未熟な読書会やミニコミづくりが、未熟なままに時代精神に関与していく。精神のリレーのバトンの手渡しが始まるということだ。

自分の肥やしになるものを読みたい。その一点で本屋を始めてみたい。これは正しい。そんな本屋は事業計画書によって始まるものではない。事業計画書のもとでは「本屋」は述語だ。

現在本屋の持続は難しい。この困難の時代に本を扱うことしか生きるすべを見出せない人はどうすればいいのだろう。成功することは難しい。私は成功しなくてもいい本屋を考えるべきだとすめる。「見立て」の世界だ。内沼晋太郎さんが、家賃と人件費が限りなく少なければ小さな本屋は成立すると言った（『これからの本屋読本』）。一人の想いならそれは無理だ。でもみんながそのように思い始めるなら可能かもしれない。そうなれば長所が短所に短所が長所にという反転（見立て）の世界が始まる。

定有堂は終わった。定有堂ビルも人手にわたしした。そして、すぐさま二階正面の十坪の空間で本屋を始める人が現れた。家賃はとてもとても安い。その本屋は古書から始めるのだが、かつての定有堂の常連が、本の注文をするところがないと困っている。その求めに応じて日販との取引も紹介した。一人本屋で、「ＳＨＥＥＰＳＨＥＥＰ ＢＯＯＫＳ」という。店主は髙木善祥《よしなが》、『音信不通』の同人だ。

本屋は身の丈に縮減する。世の中がこの縮減に背丈を合わせ始めてくれるのを感じた。

岩田直樹『橋田邦彦・現象学・アーレントの再解釈』と「他者論」

岩田直樹さんは定有堂教室「読む会」のテキスト選定を二十六年続けている。選定される図書は多様性に富んでいる。また定有堂書店のウェブサイトでも二十二年にわたり連載が続いている。中核的な論考は鳥取西高等学校の紀要『鳥城』に多数収録されている。その多数の仕事が選抜され、このたび一冊の書籍にまとまった。

タイトルは『橋田邦彦・現象学・アーレントの再解釈』（以下『再解釈』と略）、副題は「生活世界における公共性と倫理」、版元は地域に根ざす出版を志す「小取舎」（村瀬謙介代表）。長い間の読書会での付き合いで、岩田さんの問題意識は「善」の追求にあるのではないかと常々感じている。「公共性と倫理」というテーマはふさわしい切り口だと確信した。

このたびの『再解釈』に目を通してあらためて感じたのは、「他者論」という一貫した問題意識があったのだなという気づきだった。

岩田さんは東京大学理学部地球物理学科を卒業後、理学系研究科（大学院）、のち教育学部教育学科で教育哲学を専攻している。不思議な経歴だが、二十二歳のときの体験が何事かだったのだと思える。大学院在籍時のマリアナ・パラオ海溝調査航海の、早朝船上体験だ。

「荘厳な日の出に感嘆しながら、広大な太平洋の上に私しか存在しないという孤絶感、しかし心安らぐ地球との一体感を抱くとき、神秘的な至高感にとらえられるのであった」

これが文転につながる契機だ。「科学は世界の半面しか把《つか》んでいない」という認識である。ここには「体験の絶対性」がある。そしてこの「絶対性」には危うさも伴う。郷土に同じ高校そして同じ大学を卒業した橋田邦彦がいる。医学者として出発し総力戦体制下で教育政策の最高責任者となり、敗戦直後自死した人だ。「橋田は科学論から出発し、抽象的な科学では到達できないあるがまの流動する生を『体験』によって会得することを主張した」。ここまでは、岩田＝橋田の「体験」を基《もと》とする回心は類似している。しかし岩田さんが批判するのは「他者問題」への認識の欠落だ。「体験」の中で、人と自然は一如《いちによ》となる。しかし橋田のこの「自然」は、「環境日本」「国体」だった。この橋田邦彦批判は、岩田さんにとって通り抜けなければならない、思想的課題のはずだった。

自己＝主体は「ノエシス」という指向性の性質のもので、ある何ものかとの相関関係にある。この相関関係をどのように構築するかが、岩田さんの主題なのだ。

「他者問題は近代哲学の喉元に刺さったとげである」。ここに岩田さんの探求の核心がある。この論理を緻密にたどり直すために、氏は現象学を究めていく。フッサールは現象の実在をいったん留保する（エポケー）ことを教え、相互主観的世界へ導く。サルトルは他者を相克と見なし苦闘する。メルロ＝ポンティは身体性に着目し「共感覚」を提示する。現象学の多数の知見を経巡っていくのだが、日本では廣松渉に大きな関心を寄せる。廣松の他者論は、「四肢的構造」に代表される関係主義、そして事的世界観に読み取れる。橋田邦彦と異なり、ここでは「社会」に対峙する視野の拡大が顕著である。

「善」に親和性の強い岩田さんが出合ったもう一つの存在は、「個々人の意図のベクトルの合力が歴史を動かす」という理念につらなるアーレントである。つまり多数性を条件とした、政治的人間の形成が、「義」の存立条件でもある。アーレントは、「他者性」と「差異性」は、人間の「唯一性」を形成すると考える。つまり異なることによって対話が生まれる。「義」の中に己を確立するというのが岩田さんの探求課題であると思うが、岩田さんはそのことを次のように考える。「アイデンティティーは、世界の中で、自分と異なる人々に対して、自分をひとまとまりの人格として現象させることによって形成される」

三百十頁ほどにもなる大著を、「他者問題」そして「義」への意思と読み取る私の理解は、あまりに狭いとしか言えない。しかし著者がその「体験」を伝えようとする意思は、読み手の心に濃密な強度で響いてくる、そんな書物である。

本屋の神話学

目の前にある事柄の本質を理解するためには、神話的構造のイメージを持つことが必要なのではないだろうか。本屋を始める前にあれこれ模索していた頃、親類の同僚が本屋をしているというので紹介してもらったことがある。その同僚は東銀座のホテルに勤務し、奥さんが店を切り盛りしているということだった。

途中有楽町の大きな書店に立ち寄って、彼は数冊本を買った。新刊だけど自分の店には入荷していないので注文したお客に渡すと教えてくれた。最初の教えだった。

池袋で乗り換えて埼玉のある駅で下車した。数分歩いたところにその本屋はあった。下町商店街の情緒漂う中にあり、お店は魚屋か八百屋の店先のようで、五坪くらいの店内は大きな平台で占められていた。その後手にした早川義夫さんの『ぼくは本屋のおやじさん』の表紙の藤原マキさんのイラストに似ていた。少し前までは普通にあった店舗形態だったのだろう。くり返し思い出される神話的な風景だ。

乗換駅だった池袋には大きな書店があった。後日そこの店長さんと話をする機会があり、書店人の秘訣に触れる本はありませんか、と教えを乞うた。山口昌男『本の神話学』を教えてくれた。この大書店の眩《まぶ》しさの秘密がここにあるのかとむさぼり読んだ。

「個人ショップのシステムは、売り手と客の間に一定の人間関係（精神的繋がり）を前提とし、売り手は商品の内容とおのれのアイデンティティの間に何らかの関係を確立しているから、そうやたらなものを売らないという暗黙の前提の上になり立っている」

この大書店は百貨店の中にあったのだが、百貨店はさまざまな種類の商品が寄せ集められているので扱い品に対して心理的感情挿入がない、とも書かれている。しかし一方「蓄財へのエネルギーが知的エネルギーに転化する」とも書かれている。量が質に転化する時代だった。

この頃しきりにあの小さな本屋がとても懐かしく思い出される。本を定価で買ってお客に渡す。受けた注文に責任を果たす、それが自然なものとしてあった。そして本屋はなるべく良い場所にあることが大事で、規模の大きさはそれほど問題でなかった。良い場所にあるということが信用であり、その信用に基づいて外商もできた。大きな書店には「中心」の物語があり、小さな本屋には

「周辺」という物語があった。

　町の本屋はこの「周辺」にあることを自覚するからこそ営む価値がある。小さな商いは楽しい。小さな商いの神話性には根元的な魅力がある。商品を通して遠く広い外の世界とつながり、それを地域の人々に届ける。商品が豊かに並ぶその場所には遊戯的な楽しさがある。山口昌男『歴史・祝祭・神話』は、遊戯は「人間の世界感覚を活気あるものにする」と言う。生活世界の中でなぜ人は「本」を求めるのだろう。

「われわれの日常生活的世界が不完全なものであればあるほど、われわれは象徴世界においてその補塡を求める」

　小さな本屋が魅力的なのは、往来すなわち路上にあるからだ。通りを歩く人がたまたま立ち寄る。身の丈の交わりだ。この身の丈のかかわりで求められる本が平台に並ぶ。この本はいいねという合意がここには形成される。生活や暮らしをほんの少し背伸びさせる世界が開ける。大きな書店の店頭は眩しく、足元を揺るがすような衝撃がある。全く自分の生活世界とかけ離れた本が溢れる。この出合いを覚醒と言っていいのだが、覚醒の果てに地べたへ帰ってこられない人も多い。

　往来・町角・街路は芝居小屋に似ている。市場を歩くだけで昨日までとは違った自分になれるような高揚感がある。そして商う人、商いの場は固定したものだが、そこにはなにか一皮むけば遊行性の正体を感じる。本がどうしても日常性を超えた象徴世界へつながるという性格をもつものだから、本屋の人も象徴世界とつながっているかのように思える。

　商いにはきっと日常と異なる時空間がある。人と世界のつながりのもう一つ別のつながりの仕方があるような錯覚をついつい抱いてしまう。

本屋でない人生なんて

定有堂書店は二〇二三年三月三十一日と四月十八日との二段階に分けて閉店した。店内レジ横に告知のチラシを一枚出しただけだった。掲示と同時に来店して目に留めた詩人の白井明大《あけひろ》さんがSNSで簡潔に報じたのが広く伝わった第一報だったかもしれない。数日して懇意にしている齋藤明彦さんが長文の説明にチラシ画像を付けてSNSで告知した。これで図書館・出版関係の方々に伝わった。この二つでご縁のある方々にほぼ伝わったのが驚きだった。以降絶え間のない慰問来訪が続いた。

そんな動きの中遅ればせにチラシの上部に文言を加えた。

「身の丈に完結している世界を外部が解釈すると別のものになる」

これは十年来定有堂の出版物『伝えたいこと』のポップに記している言葉だ。閉店という決断に「なぜ」「どうして」と問われるのに答えきれなくて戸惑ううちに、なんだここに答えが書いてあったと気づき、この言葉に助けてもらった。

たくさんの励ましと告知を目にしたが、次の二つが心にしみた。

「元書店員だった友人は言います。（注・後継者の立たない理由）『あれだけメッセージ性の強いお店を作ると、それはもう個性さえも通り越していて、おそらく誰もがあの枠に入ることは不可能と

いうか、そもそも誰かに…と考えることが不毛です』」（「地方・小出版流通センター通信」三月十五日、川上賢一さん）

「メッセージ性の強い」って何だろう。考え続けている。次の記事もそのことを解き明かすもののように思えた。

「特徴のひとつは、奈良さんが『人文書でもうお友だち』というキャッチフレーズを掲げながら『ミニコミ』をつくるような気持ちで本屋をつくってきたことにある。書店をミニコミに見立て、お客と書店を越える『物語』を一緒につくっていこうと考えたのである。物理的に限界のある書店という空間を、ミニコミ的な場として解放することで、空間的な制約を突破しようとしたのだ」（「web論座」四月二十日、長岡義幸さん）

閉店チラシの末尾には、「読む会」などの定有堂教室各講座は四月以降も継続する、ミニコミ『音信不通』も同様であるという意味のことが書かれている。

『音信不通』七十九号に「沫雪に寄せて」というタイトルで書いているが、次の引用で始まっている。

　淡雪《あはゆき》の中に顕《た》ちたる三千大千世界《みちおほち》またその中に沫雪《あわゆき》ぞ降る

これは良寛の作だが、淡雪も沫雪も読みは同じだ。沫雪は淡雪の中に入れ子構造的に立ち現れている。多くの方が閉店の心境がよく窺《うかが》われると語っているが、実は記した一月にはまだ閉店の考えは固まっていなかった。現実の「書店」が「淡雪」であり「物語」が「沫雪」である。自分では数年前から「物語」が「書店」を追い越していくという思いにとらわれていた。「沫雪」が「淡雪」を追い越す。「読書」が「本屋」を追い越していく。

昨年（二〇二二年）はずっとドゥルーズについて読んできた。ここに「沫雪」を感じたからだ。同一性と差異、現働性と潜在性、規範と逸脱、モル状と分子状。これは「淡雪と沫雪」の光景だったかもしれない。昨年十月に定有堂教室「ドゥルーズを読む会」を発足させ、今年はその成果を棚に反映しようと意気込んでいた。十年ごとに変化を反復しないと退屈だからだが、変化の糸口が見えてきたところだった。「沫雪」が「淡雪」を追い越すってなんだろう。それは「生成変化」のことだと思えてきた。関係性の組み変わりのことで、組み変わるためには断片化される必要がある。もう一歩前に進めると思ったが、タオルがリングに投げられドクターストップがかかった。

三年前新型コロナの始まりの頃に「身過ぎ世過ぎは草の種」というエッセイを書いた。同じ小さな本屋の人たちへの励ましのつもりの内容だった。これはいま思えば生成変化を肯定的に受け止め何度でも再生しようというメッセージだったと気づいた。

定有堂の棚は小さな固まりごとに小さな声を発していた。固まりの中核に「推し本」があったり、本は入れ替わるが同じような本が同じところにまた現れたりと、息づくような秩序が保たれ、本が呼吸をしていた。それも「本のビオトープ」の一つの光景だった。淡雪の世界だ。またその中には、読書会や日頃店頭で交わす会話の中で、連続性をもつ本の世界や理念の世界もあった。それは主に『音信不通』の中に狭いが広く、「沫雪」のように展開していた。

四月十九日は日販の方々のお世話になり、数時間ですべての本が棚から消えた。段ボールに積み込まれトラックに荷積みされた。長年にわたり築かれた棚の秩序や関係性が一瞬にして混沌に帰し、モル状から分子状に移行するのを目の当たりにした。意味つながりでまとまりを作っていた本たちが、いわば存在の一義性に立ち返る光景だった。定有堂での関係性が失われ書物の群れは平滑空間へと去って行った。手伝いに来てくれていた汽水空港のモリテツヤさんはどう思ったのだろう。いまだ聞けてはいない。

ふと三年前の自分がいまの自分を励ましているのに気づいた。「身過ぎ世過ぎは草の種」というささやきだ。生成変化は関係性の組み変わりに過ぎない。

生成変化のど真ん中にいる私に、ノンフィクションライターの三宅玲子さんが『音信不通』に原稿を寄せてくださった。「本屋のない人生なんて」だ。いたずら半分に下の句として、この「本屋でない人生なんて」を書き付けてみた。

「生成変化」は続き、「沫雪」の物語が始まろうとしている。

昇降開合

定有堂教室「ドゥルーズを読む会」に参加した読書室の三砂慶明さんに、その後、「反哲学」という視点と、課題として「反本屋」という言葉を投げかけられた。「反本屋」はまだ手がかりもなく全くわからない。「反哲学」の方は『反哲学史』などの木田元の本を中心に読み進んでいる。

一月ほど前に前田正彦さんが森まゆみ『京都不案内』を貸してくれた。樹木気功の紹介がくわしいという理由だった。身体を気遣っての思いやりだった。前田さんには共著で『レジリエンス――よみがえる力』があり、一読をすすめられ、いただいた。レジリエンスは、七年前に発足した『音信不通』の、初発衝動でもあった。汽水空港のモリテツヤさんも気功が気になると私に言った。津村喬さんがいいというので、『気脈のエコロジー』と『気功への道』を紹介した。

『反哲学史』は、「哲学」というのは西洋独自の思考様式で、ソクラテスからヘーゲルまでの形而上学に過ぎないと明言する。ソクラテス以前には、自然（フュシス）に即して考える思想家たちがいた。そこでは神々でさえも同じ原理によって支配されていた。プラトンから神（理性）の支配がはじまる。自然（フュシス）は「気が聚《あつ》まればすなわち生、気が散ずればすなわち死」（『気脈のエコロジー』）という世界だ。津村喬は「見えない世界を見えるように語り、行動するというのは（…）現実の秩序を否定して別の現実を作っていこうとする場合」だと述べる。そこには「存在のすべてを遊戯に変えてしまう」という美しい言葉も見える。

モリテツヤさんはメールで「奈良さんは本屋という言葉の世界に生きながら、同時に太極拳を通じて『見えない世界』を感じて生きてこられた方なのだということを改めて気付きました」と指摘した。

「見えない世界」、私が求めているのはそういうものだったのだろうか。言葉の届かない世界というのだろうか。言葉は世界を二極に分ける。分け続けて正解を出す。そこで多義性は許されない。むかしランボオを読んでいた頃、「強気にしろ、弱気にしろだ、貴様がそうしている、それが貴様の強みじゃないか。貴様は何処に行くのかも知りはしない」という弱さが導く啓示に、心が震えたことがある。心神錯乱しても、身体が出口まで、きっと運んでくれると解釈した。大洪水の後に身体が残る。そんな予言に思えた。

新型コロナの前は近くの袋川の土手をよく散策した。川の流れと葉桜のトンネルが続き、身体が暖まると気功体操をする。疲れた身体に力がみなぎる。するとゆっくり太極拳をする。横を散歩者がすれ違うのだが、あまりにゆっくり動いているので気にならないらしい。こともなげにすれ違っていく。コロナが始まってからは、人通りの絶えたアーケードの下を歩くようになった。人の気配が蘇《よみがえ》るのを待ち続けるように歩いた。終息が見えてきたこの頃、また土手に戻った。
「見えない世界」に身体を寄せるとき、「昇降開合」これだけを意識する。津村喬は「天地を軸として天に近づくのが昇、地に近づくのが降である。人間を軸として中心（丹田）から遠ざかるのが開、戻ってくるのが合である」と簡明に教える。これだけを目安に気功や太極拳につとめている。

　太極拳は三十年ほど継続している。定有堂書店の二階にはレッスン室もある。水・土と週に二回。先日ふとした思いつきで市役所新庁舎の二階ホールで水曜夜の部の練習会を催した。夜のガラスウォールの一方にＪＲの高架鉄道が走り、一方にはスターバックスの看板が見える。ここではなぜか「見えない世界」と出合えると予感がした。以降水曜夜の練習所をここに移した。

　ベーグル喫茶「森の生活者」は二階にありガラス窓越しに袋川の流れが見える。女主人のお連れ合いのキノシタヒロシさんに「土手のこの流れと同じような世界があのホールにはあった」と言ったら、「奈良さんは流れが好きなんだ。そばの高架にも鉄道が流れている。それにあのホールの設計には自分が関わった」と語った。工夫はガラスウォール、床から直接ガラス窓が立ち上がる。なるほどと思った。

　そして自然そのものではなく、目に見える世界の裂け目として現れてくる自然（フュシス）に自分は惹《ひ》かれていると気付いた。その扉は自分の身体感覚。身体が自分の存在を追い越そうとしている。

もう一つの定有堂論

六月二十五日に鳥取県立図書館でフォーラムがあった。自分の本屋について語ることはもう何もないと思っていたが、齋藤明彦さんの「定有堂の検証」という言葉に導かれ、結局「記憶の整理」というテーマで語った。一方、語られなかった、もう一つのテーマもあった。

数週間前に、三砂慶明さんが山内志朗『目的なき人生を生きる』を入り口にするといい、と進言してくれた。ここ二年ほどこだわり続けていた本だ。しかしここから入ってどう出口へ進めるのか、道筋が見えなかった。

石橋毅史さんが送ってくれた「本屋な日々」百三号は、定有堂のことを取り上げてくれていた。石橋さんは、定有堂の個性は「本屋の観念性」なのではないかと言う。なるほど三砂さんが言いたかったのもそういうことだったのかと腑に落ちた。

今回のフォーラムの大きな収穫は、石橋さんと三砂さんの対話を聞くことができたことだった。会場、懇親会、その後定有堂に移動し、ここで夜ふけまで二人の対話に耳を傾けた。三砂さんと話しているといつも時を忘れる。なぜだろう？

石橋さんは、この「本屋の観念性」という気づきを、『音信不通』の「本屋の『このもの性』」という一文に発見していた。読み返してみると「観念を日常性として生きよう、というのが久しく定有堂のテーマ」と言い切っていた。十年ごとに個性を変えてみようというのが日頃の本屋論だったのだが、五十年目の入り口がここに読み取れる。私は文末を次のように結んでいる。

「わかりにくい本屋話になったが、生きる力は『秩序』の中ではなく『逸脱』の中でこそ発揮されるという結論だ。そして本は人を『偶有性』（個体性）の肯定へと誘うものだと考える。そこに『小さな一冊の衝撃』がある」

「なぜだかわからないがこうしてしまう」、このことを、私はオブセッション（執着）と言い習わしてきた。欲望（無意識）のことだ。本がもたらす小さな一冊の衝撃、「わからなさ」が、本屋の店頭で本と出合うことによって、この問いの解明の、小さな入り口を発見する。これは「衝撃」だと思う。

石橋さんは外側からそんな本屋体験を端正な言葉で語ってくれる。

「書物という言葉（あるいは絵、写真）を集積したもので空間を埋め尽くしていながら、言葉にできない感慨、目に見えない観念が湧きあがってくる」（「本屋な日々」百二号）

定有堂の最終ラウンドは、「読書と思索」がそのテーマであることを暗示していた。本はたくさん読まなくていい。目的が明らかならば、知識を増やしスキルを向上していくために、本はどんどん読んでいけばいい。しかし読書と目的を切り離すと、本はどんどん読み重ねていけばいいというものでもない。ここから「思索」が始まる。どんどん読んでいけば解決するような本を棚に並べるだけでなく、「思索」へと縮小、縮減する読書を構想してみる。入り口は「わからなくなる本」だろうか。「欲望は対象をもたない」という言葉をキーワードに、ドゥルーズのコーナーを作ってみた。店内に消尽点ができた。

本屋の中で自分の「欲望」に向き合える。未知への関心、大切にする自分、しあわせ、そんなことを日頃考えているかどうかは、じつは意識されないものだ。しかし光に向かう走光性があるように、存在にも走光性がある。欲望（無意識）はこの走光性の働く場所だ。本屋の中にいると、この走光性が解き放たれる。一冊の本の衝撃は、生成変化の始まりなのだ。そんなことが、最終ラウンドで試みたかったことだった。

地の塩

八月十五日に、本屋Titleの辻山良雄さんが定有堂にお見えになる。全国に「地の塩」の固有の姿を訪ねて、諸国行脚されていると最近知った。この機会に道案内の三砂慶明さんが、関西から鳥取まで足を運んで「『読書室』読書会」を主宰する。課題本は辻山さんの『小さな声、光る棚』だ。「日本の『地の塩』をめぐる旅」というシリーズを、スタジオジブリの雑誌『熱風』に辻山さんは連載している。そこにミッションを語る。「自分がいなくなったあとの本の世界のことも、そろそろ気になりはじめている」「わたしたちが、こうした個人の本屋を開いた最後の世代になってしまうのではないか？」。辻山さんは希望も抱いている。「今、全国にあるそれぞれのやり方で本屋を行っている店を見た誰かが、きっとこのレールを同じように先へと延ばしていくでしょう」

辻山さんは八年前の二〇一六年に開業している。成すべきことを成し、見るべきものを見た、という心境なのだろうか？　生成変化を求めているのだろうと思った。本屋の仕事からいろんな雑事を剝ぎ落とし、「地の塩」を見出すところに、祈りのようなものを感じた。

三砂さんは『音信不通』に、主宰する「読書室」について語っている。まず「読書室」というのは屋号、つまり名のりだという。

「定年のない自分の仕事をつくりたいと考えてつけた名前です」。加えて「私が誰かに止められても、一生やめないことってなんだろうと考えた時、答えは一つしか見つかりませんでした。それは読書です」。三砂さんのユートピアは「本が好きで、読書が好きな人と一緒に本の話ができる場所」なのだ。「読書室」は「地の塩」なのだと思った。

二十代の終わり頃、私もしきりに「定年のない自分の仕事」に想いを馳《は》せた。いつまでも遊び続けたいという気持ちだったのかもしれない。結局自営業なら遊び続けられると考えた。その頃人に教わり、いまだに気になりつづける源実朝の歌がある。

「塔を組み堂をつくるも人の嘆き　懺悔にまさる功徳やはある」

自分では、核心に向かってさっさと歩け、と聞こえた。独立自営がこのとき思い浮かんだ。それから四十三年、人は命にいつか追い越されるという事実を知った。そして三砂さんの「読書」という言葉の核心性に驚いた。私は塔も堂も捨てたと思っていたが、そうではなかった。剝ぎ落とした後に「読書」が残る、ということを教える三砂さんの一言に、驚きを感じた。

寺山修司の有名な歌がある。

「マッチ擦るつかのま海に霧ふかし　身捨つるほどの祖国はありや」

自分の初発衝動は、「身捨つるほどの仕事はありや」だったように思える。本屋は、身捨つるほどの仕事だった、と振り返ることができる。「身捨つるほどの書物はありや」、結局これはなかった。自分が読む本を探すよりも、人に勧める本を探すことの方が楽しかった。

二つの風景を思い出す。一つは「読む会」の創設者濱崎洋三先生が死の半年ほど前から、「もう仏教の本が読めなくなった」と私に言ったことだ。歴史家だったのでそういう文脈だったとは思うのだが、私は単に「本が読めなくなった」と受け取った。しかし、ふといまになって気づくことがある。「仏教」の本が読めなくなっただけで、専門の日本史、そして現代思想はどうだったのだろう？　取り返しのつかないことだが、きちんと聞くべきだったと悔やむ。

二つ目は、いろんなところに配達をしていた頃のことだが、野の花診療所（ホスピス）にはよく遊びに行っていたので、病室にも顔を出していた。入院していた男性から三冊の本の注文をもらった。三日ほどして届けたのだが姿はなかった。亡くなっていたのだ。家族の方がいて、本を読もうとしていたことに驚いていた。

いま私は読書を続けている。「身捨つるほどの書物」はないが、死の床で読み続ける人のことを思い起こすと、本はそのまま「地の塩」だったのだと確信できる。諸国行脚、人が経巡った果てに出合う結論は、本がある場所、そしてすべての本屋は人のために役立っている、という再発見だと思う。

三砂さんには『ブラザーサン・シスタームーン』のDVDをプレゼントした。後日、辻山さんみたいだね、と問うたのだが、「音楽がいいですね」とだけ答えた。離れて同時に読み合っている『目的なき人生を生きる』の文末に、「清貧に憧れて、フランチェスコに傾倒した」という一行がある、というのを言い忘れた。

一を始める

『バガヴァッド・ギーター』という本がある。ヒンドゥー教の聖典とされるものだ。世継ぎ争いの闘いの場面が描かれる。王家の三男アルジュナが戦場に臨んでもなお親族との戦いをためらう。御者のクリシュナ（実は最高神の化身）が叱咤激励する。

「行為をすることだけを考え、行為の結果を考える必要はない。行為の結果を目的としてはならないし、『行為をしない』と考えてもならない」（佐藤裕之訳）

　要は、戦え戦えというのだ。ここにもオブセッションがあるな、と思った。意識されない欲望の問題だ。

　二十代の頃、このオブセッションに振り回された。目的がないのに欲望だけが駆り立てる。

　そんなオブセッションと付き合うため、ひたすら書物を読んだ。答えは現実に存在すると思えず、本の中に求めるしかないと信じたからだ。そんなときに読んだ一冊に『正法眼蔵随聞記《しょうぼうげんぞうずいもんき》』があった。正法眼蔵を書き記している道元の側近くにいて、見聞を懐奘《えじょう》という直弟子が記録したものだ。その懐奘のオブセッションの書ともいう気配もあって熱心に読んだ。私は懐奘の問いは、一言でいえば「百尺の竿頭《かんとう》に更《さら》に一歩を進むべし」という、簡潔なものだったと勝手に解釈した。

アルジュナの問いはどうだったのだろう。絶え間のない、行き着く果てのない殺戮にひるんだとき、クリシュナは「更に一歩」を進めろという。この一歩は理性の一歩先ということだろうか。

ここには自分で解決できない要請があり、解くことができなかった。解くことができないということは、オブセッションを真《ま》っ直《す》ぐに生きるということの他ではない。

中年期を過ぎた頃だろうか、ある本を読んでいたら、百尺の竿頭から一歩進めたら当然地面に落下すると至極当たり前のように書いてあった。驚いた。これはコロンブスの卵だと思った。

十に到れば、一に還るだけだ、という理念が心に刺さった。この「一」には何があるのだろう。半年ほど前から数人の人に気功を勧められた。具体的な導きではなく、どうも気功というものが身体に良いらしい、というか、あなたにはもう気功しかないのではないか、という忠告だった。なるほどと思ったが、しかしどう始めたらいいかわからなかった。

予想に反して最近は体調がいい。かかりつけの診療所の先生が「へんだね。太極拳をやってるからかな?」と半分冗談で言った。そういえば三十年近くうまずたゆまず太極拳を続けているのを思い出した。あまりに日常生活と一体化していて、健康法とかそういう目的を忘れていた。そこがすでに気功的なものになっていたのかもしれない。

太極拳も見方によればスポーツだが、剥ぎ落としていけば最後に気功的なものが残る。居合いには「初発刀」という技がある。最初の一本目だ。一本目には極意が集積されていると聞いたことがある。私の太極拳のクラブでは四方拝を取り入れた「周回式」という技を執拗に鍛錬している。起勢から野馬分鬃《イエマーフエンゾン》の初式を四回繰り返す。すると四方周回になる。この技ができればすべてができると考えている。一を始めるということだ。剥ぎ落として一を選択するので気功的なエッセンスに出合うこともできる。

　最近出合った本に永井玲衣『水中の哲学者たち』があった。読書会の中に「対話」という視点を持ち込むのが新鮮だった。問いから始まる哲学というのが方法論だが、問いの世代的な特徴を挙げているのが面白かった。小学生は「なぜひとは生きているのか？」「死んだらどうなるのか」。高学年は「本当の友だちとは何か」。大学生は「責任とは何か」。社会人は「なぜ人間関係はつらいのか」

　成長するにしたがって問いが小さくなる。正しく考えるとは小さな問いに絞り込むということだから正しいことだ。大きな問いには解がない。しかしクリシュナは解などいらないと言うだろう。この八月の読書会テキストはカルロ・ロヴェッリ『すごい物理学入門』だった。たしかにすごすぎて話がちっとも弾まなかった。小学生の問いへの回答の世界だったのかもしれない。

　十を過ぎて、一を始める。ある意味小学生の問いの場所に還ることかもしれない。本当に大切なことは「一」の中にある。それ以外の場所の問いや答えは、申し訳ないがもうどうでもいい、という気がする。

読書に追いつかれて

　四十三年前に定有堂書店を開業したとき、「本」を読むことに別れを告げた。理由は何だったのだろう。いまとなっては判然としない。蔵書は本屋の二階にしまい込んでいた。二十年ほど前に古書の鑑札を入手したのをきっかけに、店内で少しずつ販売していた。

定有堂が閉店して、蔵書は自宅へ持ち帰った。このところ読みたい新刊に出合わないので、しかたなく持ち帰った段ボールを開いて退屈を紛らわせている。生き残った本たちが四十三年ぶりに顔を見せ始めている。

気になる本の筆頭はスタロバンスキー『ルソー　透明と障害』だ。「無実《イノサン》な存在と罪ある外観」「それらを被っている仮面よりも、はるかに美しい顔がある」、そんな言葉にラインを引いている。外観の虚偽というテーマの本なのだ。そしてデリダ『根源の彼方に』。これは前の本の価値を転倒させるものだ。どうもそういう議論らしいと理解したが、私の「読書」の刻《とき》はここで止まってしまっていた。

埃《ほこり》をかぶった淡野安太郎『ベルグソン』もある。白水社の『ベルグソン全集』も持っていたが十年ほど前「読む会」の若者にあげてしまった。全く忘れていたがドゥルーズ『ベルクソンの哲学』を持っていたのは驚いた。ここ一年ドゥルーズを初めて読むつもりで読み漁《あさ》っていたからだ。

筑摩書房の世界文学全集『マラルメ・ヴェルレーヌ・ランボオ』も忘れていた。ポオからボードレール、ランボオそしてヴァレリーという探求のつらなりに興味があった。人文書院の『ボードレール全集』は生き残っていた。想像力の系譜でもあるのだが、自己救済の歴史でもあった。一度手放した平井啓之『ランボオからサルトルへ』は講談社学術文庫で再購入した。ヴァレリーの本はなぜか閉店のどさくさで失われてしまっていた。幸い『テスト氏・未完の物語』は残っていた。谷崎精二訳『エドガア・アラン・ポオ全集』も出てきた。これらの世界を紐付けるエドマンド・ウィルソン『アクセルの城』も古びた姿で発掘された。

ポオについては論集で八木敏雄編『エドガー・アラン・ポー』も何度か人にあげようとしたのだがなぜか手元に残ってしまった。

サルトルも人文書院の『サルトル全集』が見つかった。『実存主義とは何か』を始め、めぼしいものを店頭で古書販売したのが少し悔やまれる。

すっかり忘却していた本も立ち現れた。秋山駿『内部の人間』、これは現代評論選書の一冊なのだが、古書店で飛びぬけて一番値段が高かったので何事かと思い購入した本だ。以後この人の本を読み続けていた。本多秋五『転向文学論』も大切にしていた本だ。埴谷雄高『濠渠《ほりわり》と風車』も懐かしい。吉本隆明講演集『敗北の構造』も出てきた。段ボールを開き続けたら『吉本隆明全著作集』も見つかった。

あと柳父章『翻訳の思想』。この人の本は付き合いが長かったのでほとんどサイン入りで持っている。

捨てたはずの「本」が思いがけなく現れる。なぜ捨てたのだろう。古びたある本を開いたら「強い実行力が方法の困難を征服して大成する……」と記したメモが挟まれていた。抜き書きだった。

この四十三年、その「実行力」に賭けていたのだろうか、それももう必要なくなった。剝ぎ捨てて身軽になったら、隣にこれらの書物が並んでいた。しばらく思い出話をしながら歩こうと思う。その後は、追い越されるだろうか。それとも再び私が彼らを置いてけぼりにして駆け出していくのだろうか。

本好きのエピジェネティクス

現実はアクチュアリティの世界であって、そこにリアリティの住まう余地はない。そんなはずはないのだが、「本」が好きな人はそんな偏《かたよ》った信念に生きている。

本を読むとその先に、自分のリアリティを固めてくれる概念（言葉）に出合う。「オブセッション」「身の丈」「生成変化」「本のビオトープ」、まだまだあるが、この概念が私という存在を築いてくれる。

五年ほど前に「後成（エピジェネティクス）」、目的が後で（epi）生成（genesis）すること、という言葉に出合った。山内志朗『目的なき人生を生きる』。平易をめざした本なのだが、語り得ないものが著者の中に多く住まい、概念だけが手のひらからポロポロとこぼれる。でもそんなこぼれ落ちる言葉に導かれて、ドゥルーズ＝ガタリまで連れていかれた。もう一歩歩けば語り得ないものが解き明かせるにちがいないと期待させるのだ。

日暮れて道遠しの状態だが、入口は「後成」だった。山内志朗は言う。

「目的がないとは、予《あらかじ》めないということであって、最初から最後まで、現実化しないということではない。目的は最後に現れるのである」

自分の青少年期を振り返ると、本当に本があってよかったと思う。そう考えた瞬間「現実」がカッコに入ってしまう。ときに「現実」また「日常」に、帰らねばと思い直すのだが、帰還した「現実」はやはり自分を受け入れてくれないと思い知る。

「本」の世界の中はとても自由だ。いっそ「本」の中の世界のように「現実」を改変してしまえばいいのではないかとひらめいたりする。ここから先は危険思想だ。「本」を読む人にはこの一線を越えないだけの理性と知性は養われている。

「本」を読むことは弱さなのだろうか。もっとも「本」を読んで得をする人もいるのだから、ここは得をしないのに「本」を読む人たちの話なのだ。

ランボオという若い詩人が好きだった。『地獄の季節』なんて読まずにいられないタイトルだ。テーマは「錯乱」。そして混濁した精神の中から天使のように言葉が飛び出してくる。

「また見つかった、――何が、――永遠が、海と溶け合う太陽が」

そして衰弱からのレジリエンスとして「強気にしろ、弱気にしろだ、貴様がそうしている、それが貴様の強みじゃないか。貴様は何処に行くのかも知りはしない」という錯乱の先の言葉もある。

弱さが「本」を求める。でもこの「弱さ」は人を導く。この糸を手放しさえしなければ、人は行くべきところにたどり着ける。これが「後成」だ。

「オブセッション」という言葉にはいつ出合ったのだろう。ヴァレリーの「固定観念」という言葉を知ったとき、この二つを重ね合わせて用いるようになった。二十代のことだ。本屋を始めたころから、この「オブセッション」を「初発衝動」と概念化するようになった。「固定観念」は堂々めぐりでトラウマを抜け出すことができない。「オブセッション」は力と方向のあるベクトルだ。

オブセッションはやり直しの力だ。「本が好き」とつぶやきながら、ずるずると人生に押し切られ続けると土俵際で後足に残るのは「本」という徳俵しかない。

ドゥルーズ＝ガタリで生成変化の恒常性を知る。生成変化はやり直しのエネルギーなのだ。スタニスワフ・レムの『ソラリス』には「擬態形成体（ミモイド）」という言葉が出てくる。ミモイドのハリーは「自分の皮膚の下には体などなくて、わたしの中には何か別のものがある、わたしは単なる表面にすぎない」と気づく。ソラリスの海は生命を持った「ゼリー状機械」の形をしている。ここで人間は人間という概念の縛りの中から抜け出せず苦悶する。しかしこれが生成変化のエネルギーなのだ。「本」は人間を人間という概念の緊縛から自由にする。だから「本」を読むということは驚き（タウマツェイン）の体験なのだ。

「本」を読むことの驚きは、他人も同様に「本」を読むというもう一つの驚きにつながる。他者が本の世界から現実へ降りてくる。ここから「本屋好き」が始まる。

驚き（タウマツェイン）で覚醒した人にとって「本屋」はアクチュアリティの場所なのだ。概念も共有できる場所なのだ。

ランボオの「弱さがお前を導いていく」、という言葉は何事を告げるのだろう。この弱さは自分のエネルギー（初発衝動）をコントロールできないという「弱さ」だ。「個性を捨てて個性的に生きる」、個性を脱落させる、しょせん「弱い」のだから。ここに「身の丈」という概念が現れる。集中させるということだ。そして一点突破全面展開。「本」が好きな人は、このようにして「本屋」を始める。自分が「できない」ことを削り落として「引き算」するのだ。「本好き」を引き算すると、本を売るという驚き（タウマツェイン）の世界が開示する。

「後成」とは「このもの性」がむき出しになるということだ。「私」にとって不可欠のものが「このもの性」だ。本屋は本好きな人の「このもの性」かもしれない。「このもの性」は目的ではない。あれもできないこれもできないの引き算の果てにむき出しになるものだ。捨て去るものは「偶有性」だ。

しかし本が好きだからといって誰もが本屋になるわけではない。それでも本が好きな人はその「あわい」に引き寄せられる。定有堂はその「あわい」に土台をおいた本屋だ。この「あわい」を概念化して「本のビオトープ」と呼んだ。ここから拡散するのではない。縮減するのだ。引き算してそぎ落とした先に、『音信不通』というミニコミ誌や、定有堂教室という読書会が後成した。やはりはじめに存在していたものが最後に現れるというべきなのだろうか。「偶有性」を引き算した果てに――。定有堂の後成はまだまだ続く。

天上大風《てんじょうたいふう》

八月、定有堂閉店手続きで来訪した日販の人と交わした雑談で、印象に残ったのは、鳥取県米子市に「無人書店」ができたという話題だった。

これからの町の本屋の将来だが、家賃と人件費がいらなければいつまでも続けられる。これは小さな世界ならではの小回りの有利さなのだが、大きな世界がそこに着眼し取り組んでくることに驚いた。

図書館に自動貸出機が登場したときも驚いた。ユニクロで自動精算レジを見たときも戸惑った。それ以来行かなくなった。最近は行きつけの百円ショップがなくなったので、別の百円ショップを探していってみたら、自動精算レジだったので複雑な気持ちだった。持続するために「人」を排除しなければならない時代が加速化している。

本屋を始める前まで勤めていた郵便局はモデル局と称されていて、郵便物自動仕分け機がいち早く導入された局だった。大混乱が収まった後の入局だったので騒動については直接体験していない。しかし暗い眼をしている人が多く不思議だった。機械が人の仕事を奪い、それだけでなく人を分断していくのを目撃した。

現在の動向はしかし何かが違う。反対するも何もレジが初期設定として自動になったから「人」が不要になった、それだけの出来事でしかない。持続するためには「人」を消していかなければならない。この「持続」はいったい誰が望んでいるのだろう。

郊外型書店の進出が既成の事実になってしまった二〇〇〇年頃、海野弘の『ハイウェイの誘惑』を読んで魅了され、その後も何度も読み返している。副題には「ロードサイド・アメリカ」と付されている。どこに感動したかというと、一九六〇年代にアメリカではすでに、郊外店というビジネスモデルが崩壊しているという話だったからだ。少し愉快だった。この失われた「商い」の記憶を、海野は「コマーシャル・アルケオロジー」と呼んでいる。

「商い」は最初通りをはさんで商店街として栄える。西部劇など店の前に馬をつないでいるのを見かける。これもロードサイドの原型なのだろう。往来に店舗が生まれるということだ。やがて車が大量生産され高速移動するのでロードサイドも長くなる。途中に移動する食堂「ダイナー」が続々生まれる。ほとんどが「マム＆パップ・ビジネス」だ。つまりパパママストア、家族経営なのだ。やがてスーパーハイウェイができる。これが最終形態だ。超高速道路で都市を迂回する。都市の賑わいも消え、ロードサイドに店舗の余地もなくなる。車が停止するのはドライブインだけだ。高速道路にロードサイドは存在しない。二点間を結ぶ「橋」なのだ。

「人」が輝くのは接客の場だと思う。この『ハイウェイの誘惑』につぎのような場面がある。ドライブインのファストショップに「シヴィルズ」という店があった。一九四〇年に全盛期に入り、五百台の駐車場を所有した。客は車を停め注文をとりにくるのを待ち、そして受けとる。その運び手を「カーブ・ガール」という。華やかな仕事なのだ。

「しつけも厳しく、いつも笑顔で、背筋をピンとのばし、メニューを暗記し、売上げをのばさなければならなかった。また、内部的規則として、カーブ・ガールはお客に触れてはならなかった。お釣りは、手渡しではなく、トレイにのせるのである」

要は運ぶだけの仕事だが、誇らしい仕事だったのだ。さらに驚くことがある。

「厳しい審査で選ばれたシヴィルズの美女たちは注目され、ハリウッドにスカウトされる娘もいた。たとえばケイ・ウィリアムズは、クラーク・ゲーブルと結婚した」

『ライフ』の表紙を飾るジョゼフィン・パウエルもいた。ハリウッドスターと同格なのだ。

昔、本屋の師匠柴田信さんは「最前線はレジだ」と言った。接客の最前線という意味でもある。後はみんなロジスティクス（兵站）なのだ。簡明でとても健全な思想だ。ふと「無人レジ」は戦場のドローン化なのではないかと思った。

本屋を考えるときにバイブルにしていた山口昌男の『歴史・祝祭・神話』には、「遊戯」というものの大切さが語られている。人と人との接触には「遊戯」が生まれる。「接客」は遊戯なのだ。そしてそこでのやりとりは「人間の世界感覚を活気あるものにする」。山口昌男の言いたいのは「バサラ」の精神の不可欠さだ。ファストフードの店員とハリウッドスターの結婚なんてとてもバサラな出来事であり、「仕事」であったと思う。

「仕事」が偉いのではなく、「人」が偉かった時代の記憶の一つだ。

「無人書店」はこれからどこへ向かうのだろう。

遅れて読む

戦いすんで日が暮れて、という唄がふと心によぎる。本屋の仕事を戦いと思っていたのだろうか。日が暮れたのは確かだ。オブセッションが消えない限り『バガヴァッド・ギーター』のクリシュナが誘う戦いは終わらない。シーンは「淡雪」から「沫雪」へ移行した。

地方紙に閉店の一報が出たのは、遠く長崎県時津町に住む四十四歳の田口雅一さんの、「散歩道」への投稿だった。田口さんが閉店をネットで知っての表明だ。二十代の頃、鳥取大学卒業前後に、定有堂の常連だった。当時彼はときどき関西へ出かけ、独立出版物といわれる紙ものを手に入れてきては自慢していた。その頃松浦弥太郎『最低で最高の本屋』を発見しバイブルのようにしていた。定有堂は本屋としては「遅れて売る」を信条としていたが、閉店後は「遅れて読む」という「沫雪」の世界へひたり始める。田口さんとの遭遇は何だったのだろうと懐かしく思い、遅ればせながら、彼が好んだその本を手にした。目についたのは「仕事と生活ライブラリー」の一冊だったということだ。レイモンド・マンゴー『就職しないで生きるには』も同様の主題だ。ふり返ればこの頃から「ひとと仕事」というテーマが本屋の中で所を得るようになっていたのだろうか。格差が固定し始めた頃かもしれない。そのため価値の転倒が始まった。「身の丈」こそが尊いという考えだ。私は「初発衝動」が世の中の仕組みを変えると言い換えてみる。

現場にあるときは本屋についての本はあまり読まなかった。いつも前方を見ていたからだ。日暮れてからはつとめて読み始めている。十が終わって一を始めるという巻き戻しだ。敬愛する石橋毅史さんの『本屋な日々　青春編』も真っ先に再読する。やはり「ひとと仕事」というテーマを丹念に掘り下げ、描写したノンフィクションだ。

「身の丈に完結している世界を、外部が解釈すると別のものになりやすい」

これは当事者の内奥の声だが、外部からはなかなかそこへは届かない。

外部のナラティヴは「いのちとひと」「ひとと仕事」「仕事と社会」「社会と政治」「政治と国家」「国家と国際社会」と階層のレイヤーをもつ。私は「いのちとひと」に関心を寄せる。だから外部のとりまとめにはいつも違和感を覚える。

「本が好きだから本屋を始めた」、これはどのレイヤーに所属するのだろうか。

本屋を終えて、「本が好き」という実存だけが残った。クリシュナの誘いはいま三つの「読書会」に継続されている。「読む会」「ドゥルーズを読む会」「読書室ビオトープ」（小説分野）だ。かつて店頭に私が並べ、しかし手に取らなかった書物が、突然立ち現れてくる。「読書室ビオトープ」の一月のテキストがハラルト・シュテュンプケ『鼻行類』に決まったときは少し戦慄した。人にはすすめながら三十年自分では開かなかった本だ。かけ足の自分の時間を巻き戻し、ゆっくりやり直す時の始まりを感じた。

「読書が本屋を追い越していく」という暮れ方に、「ドゥルーズ」を読むという提案をした。本屋の品揃えのこの先十年のとば口として考えたものだった。テーマは「いのちとひと」だ。そこには人間の概念の変更をせまる思考があった。どこから来てどこにありどこへ行くのか、という存在論のどん詰まりと思えた。そこでは主観の場所が解体され、木や石や雲や空すべてをとり込んで再構成される。このドゥルーズ＝ガタリの世界にはとりつく島がない。

暗中模索のなか遅れて手にした一冊にスタニスワフ・レムの『ソラリス』がある。惑星ソラリスの海が生命体だったという話だ。しかしその実存を理解するためには人間という概念を崩壊させる必要がある。「ソラリス学」はいう。

「有史前の人類は、自分を取り巻く世界を、粗野で感覚的な、人間形態主義《アントロポモルフィズム》的な方法で把握していた」

いずれにも「機械」という概念が出てくる。有機的なレゴ・ブロックを連想する。そんな世界観を手助けに「いのちとひと」の奥底を考えている。なにもない、ということもあるかもしれない。

十一月の「読む会」のテキストはポール・ラファルグ『怠《なま》ける権利』だった。「労働」自体の欺瞞をあばくものだった。「ひとと仕事」の底をぶち抜く衝撃の書だった。労働の選択の思いがけない提案の書も、ここでは底が抜けてしまう。抜けた先には「いのちとひと」があるといまは思える。底が抜けるのなら働かない本屋、「反本屋学」というのが成り立つのだろうか。

反本屋学

定有堂の四十三年、「初発衝動」のその輝きを失わないために、幾度も組み替えをくり返してきた。棚から本がすべて消え去った後、まだ組み替えというものが存在するのだろうか。終わったところから始まる何事かがあるのだろうか。

四十三年目に再発見されたものがあった。定有堂教室が自然発生的に発足したとき、教室だからといって黒板を持ってきてくれた人がいた。黒板があるのならと、『論語』の冒頭「学而」から書写して、額をその横に飾ってくれた人もいた。

「学びて時に之《こ》れを習う、亦《ま》た説《よろこ》ばしからず乎《や》。朋《とも》有り遠方より来たる、亦た楽しからず乎。人知らずして慍《いか》らず、亦た君子ならず乎」（『論語』吉川幸次郎）

いつ頃からか忘れたが、この額は本屋の横の通用口から入って階段を登り切った扉の上に移動した。定有堂教室の出入り口だ。風景に溶け込んで、気づく人は誰もいない。本屋を閉じて四カ月後、三砂慶明さんの案内で辻山良雄さんが訪ねてきて、これが定有堂なんですねと額と言葉を目にとめ、連載中の雑誌『熱風』に発見を記し、著書『しぶとい十人の本屋』にまとめてくれた。定有堂が終わったとき、その背骨のようなものを辻山さんが見つけて、この言葉が蘇ったのだ。

本を読んでいると朋に出合う、そういうものだろうか。実際には本に沈み込んでいる人は孤独だ。

語り得ないものに出合い沈黙するしかないからだ。本を読んでも朋はやってこない。正確にはやってこないわけではないが間に合わない。人の一生は短い。小冊子『音信不通』のテーマは、自分のつもりではこの「間に合わない」というのを、隠れた主題とする。届かない、間に合わない、なんというスケールの大きな期待だろう。そして孤独を支える励ましだろう。初発から続く朋との同行二人の充足感がここにある。

四十三年が過ぎ棚の構成が消え失せた後、定有堂は再発見される。定有堂開店に遅れて生誕した三砂慶明さんが、この訪れるはずのない朋だったのだろうか。驚くべきことに間に合ったというべきだろうか。本とともに消え失せようとしたわたしの四十三年の言説や行いを消滅からすくい上げた。そして三砂さんのナラティヴ・ストーリーに組み換えていった。『町の本屋という物語』へと簡潔に練り上げた。定有堂という本屋の初発衝動の源を書き残し、ゲラ刷りを読んだ本屋さんの、「一周遅れて新しい」と「この本には届け先がある」という声を教えてくれた。

衝動の波紋は「町の本屋」の「町」にあると思う。果たしてこの言葉は新しいのだろうか。「町」は本来田んぼの広さを測る尺貫法の長さの単位だ。一町六十間。「街」は道路で町を連結する。この衝動は、「街の本屋」という未来志向の明るさを、「町の本屋」というプリミティブの薄明へと巻き戻していく。

本屋を始める人の初発衝動は狭いものだ。始めたいから始める。始めたがなかなか軌道に乗らない。だったら当分土日だけの開業にして他の日はアルバイトをしようか。ふと我にかえればこの初発衝動は新しい。この新しさにハッと気がつくならばそこに「届け先」がある。

昔、美術界の潮流と無関係な美意識しかもてなかった、狭く生きる人々の「新しさ」を発見して、フランスの画家デュビュッフェはアール・ブリュットと名付けた。三砂さんの発見もそのようなものだったのだろうか。言説や行いは断片的で脈絡のないものだ。そこにプロットを導入したのが三砂さんだ。私は棚の本とともに言説や行いを、「奈良は終わった」という言葉で人為（ノモス）から自然（フュシス）へ解き放っていた。解き放たれたものを拾ったこの文集は、だから三砂さんの形而上学だ。

人為（ノモス）から自然（フュシス）へかえるのを反哲学というのだが、三砂さんのナラティヴは反本屋学へと志向するのかもしれない。

本屋のパンセ

コロナ禍の最中「身過ぎ世過ぎは草の種」という文章を書いた。本屋全体の生成変化を一身に感じてのものだった。生計を立てる手立ては、草の根のようにどこにでもある、というのが直接の意味だ。

この生成変化に二つの局面を見た。一つは本屋がどんどん消えていく、しかし本屋的人間の実存は、この「本屋」という空間の消滅とともに終わるのでなく、終焉の前と後にも一筋の道として続くのではないだろうかという確信だ。もう一つは、従来「本屋業」とカウントされないような、ささやかな「本」のあり場も、本屋として現前化してきたことだった。本屋とはこれこれという既成概念がひっくり返り、これも本屋あれも本屋というふうに、主語と述語の転倒が始まった。本屋はツリー状のものからリゾーム、草の種となった。

二〇二二年に、定有堂で「ドゥルーズを読む会」が始まったのも、そんな気分に後押しされたからだ。一つの星座として見えていたものが、とき放たれ多様な星々となる。同一性から差異へ、固定的秩序から生成へ、規範から逸脱（規範の更新）へ、そんなものを概念として考えたかった。

定有堂の書棚には、自分の工夫がすみずみまでほどこされ、一冊の本は「星座」として、関係性の中に本来以上の輝きの網の目となって、広がり息づいていた。閉店するということは、その星座が消えるということだった。モル状から分子状へと変化していった。定有堂という本屋は、定有堂という星座だったのだ。そこには星座の形で語られる物語があった。

前年の秋から二〇二四年にかけては、木田元の「反哲学」論を二十冊ほど読んだ。読書がここへと繋がったのだ。斬新だったのは、「哲学」というのはプラトンからヘーゲルまでの、いわば一つの星座だというおおきな理解だった。

「哲学」は「形」の時代の所産だ。「かたち」を追求する欲求は「反哲学」と呼ばれる。

本屋を始めたいけど、なかなか始められない人に、いままでたくさん会ってきた。話をしていると、その情熱ゆえに、「すでに本屋なのではないか」と感じることも多かった。なかなか始まらないで、準備中が続いているというだけだ。「本屋」であることを主として考えるのでなく、人つまり「本屋的人間」という「なりゆく」姿に付き合っていきたいと思った。「身過ぎ世過ぎは草の種」という言葉は、コロナ禍の時代、そしてその時代以後「本屋」という「形」からとりこぼされていく本屋的人間へ投げかける覚醒の言葉だった。本屋という「形」は消える。でも本屋という「かたち」はリゾームのように根を張っていく。

「哲学」の時代は「倫理」の時代だ。違うことを言っているようだが、それは正しい。本が好きというのは本の中の世界と自我がシンクロナイズしている事態だ。ここでの量的な蓄積がある日質的に高まり、初発衝動として駆動する。つまり、本が好きだが、本を売るのはもっと楽しい、という気づきだ。自我の拡張から始まる他我との出合いがある。この視点にいたり本屋的人間という世界が開ける。本が好きなのは自分の趣味だが、本を売るのは社会的な行為だ。自分の好みに代金を支払ってもらえる。自己承認の欲求として、これほどの喜びはない。

人と人とがつながる（ノエシス）ところに、真・善・美が存在する。それ以外の関係の外部には、とき放たれた野生の猛々しさが広がる。本のない世界は好きではない。関係性の中に存在するがゆえに、「本屋」の中のすべての本は倫理的だ。これは本屋的人間の確信だ。

「反哲学」は倫理の枠をはずしていく。人為（ノモス）と自然（フュシス）の交代だ。星座亡き星々の世界だ。「本屋」という星座を失い、星々の中で生きていけるだろうか。この事態を生成変化の組み替えととらえよう。本屋的人間としてどのように生成変化していくか。「反哲学」と「反本屋」、星座なき星々への踏み分け、そんなことを考えている。考えるとは概念を生み出すということだ。「本屋」未然、以後の本屋的人間を「本屋浪人」と呼ぼうか。そして従来本屋にカウントされなかった新しい生成を、「浪人本屋」と呼んでみたい。ここに生成変化の組み替えが鮮明に見えてくる。浪人の時代が始まっているのだ。「草の種」へと帰って行きたいと思う。

写字室の旅

本屋の時代、小説をきちんと読むということはなかった。二十代は、小説を読むのと社会を考えるのが等しい時代だった。一九七〇年前後のことだ。

ヘルマン・ヘッセを読み始めた頃から、小説世界を人と共有することが少なくなった。『クヌルプ』『シッダルタ』などだ。議論するために読むというのでなく、自分を肯定するために読むという方向への転換だった。議論は人の背丈で語るものでなく、社会科学という個を越えた世界でなされるものだった。そして自分は、人の背丈の読書に移り変わっていった。

一九八〇年に本屋になって、本を読まなくなった。「本は読むより売る方が楽しい」、そんな言葉で説明し始めていた。人格のたがはずれかかっていたのだろうか。一つの本に拘泥することは苦しい。本を売るのは楽しい。たくさんの本の中の正義と関わりなしに、読者が読み定めた蓄積の中で本を取り扱うからだ。判断は読者がし、本屋はその判断だけに付き合っていく。そのようにして過ごした本屋人生だった。

しかし、定有堂教室の中に小説を読む会が突然できた。五回目は二〇二三年十月十九日だった。テキストはポール・オースター「写字室の旅」(『写字室の旅／闇の中の男』所収)、報告は板野円香さん。四ページのレポートが用意されていた。

ずいぶん前だがアメリカに住む又従兄弟《またいとこ》の古賀啓三さんがポール・オースター『幽霊たち』をすすめてくれた。奇妙な小説だと思った。

啓三さんは自分の書き上げた小説をたびたび読ませてくれた。しかし、「本は読むより売る方が楽しい」と口癖にする私に、いま一つそれらは理解できなかった。そのうち啓三さんの作品はある大手文芸誌の新人賞の最終選考に残った。これも読ませてもらった。作中に入れ子のように作品が入っていて、私にはその意図が理解できなかった。

板野円香さんが選んだ「写字室の旅」は、かちりとパズルがはまるように私を驚かせた。レポートには「この空間には、登場人物としてのブランク、老いてしまった自己像、それを観測している者（執筆者）、三人のオースターが境界を交えながら対峙することになる」と記してある。入れ子構造の作品なのだ。作中の登場人物が作者を糾弾しに現れる。『幽霊たち』では、探偵の主人公が遠く窓越しにターゲットが読んでいる本を読んでいるという構図なのだが、ここでは登場人物までもが抜け出してくる。ちなみにそこで読まれていた本は、ヘンリー・デイヴィッド・ソローの『ウォールデン』だった。

この物語の中でシーンは突然変容する。板野円香さんはメルロ＝ポンティを援用して、「身体的な知覚がトリガーとなって幼少期の自分に戻る癖がある」と分析している。つまり、「身体性を通して世界を認識・理解する」小説世界なのだと理解を深める。現実と虚構の両義性、境界に、ポール・オースターの小説の魅力があると結論づける。

私は人格のたがはずれてしまって本が読めなくなった。だから「本を売る」ようになった、と述べた。本を売らなくなった今、ひょっとしたら本を読み始められるかもしれないと思った。小説の世界は広い。「遅れて読む」という、終わってからの始まりを意識した。

板野円香さんに啓三さんの小説を読んでくれるように頼んだ。二人は何かしら同じものを見ているように感じたからだ。

本を並べる

定有堂は素人《しろうと》で始めた本屋だったが、その微力を補ってひとかどの風格を保たせてくれたのは本棚の力だった。曲水の庭、あるいは奇想の庭、石庭というのもあるが、庭の結界が書棚で、曲水が「本」だった。

開店準備のとき、あなたは素人だから、書棚は大きな書店の工夫が積み重ねられたものに学ぶがいいよ、と忠告された。日販の田中国明さんという中四国係長だった。有楽町の旭屋書店と新宿の紀伊國屋書店に連れていってくれた。どちらも十年を経た棚だったと思う。傷の付き具合は同じだが、目立たないのは旭屋書店の棚だった。高価なものを購入するので、なるべく長くよい状態が保てるものをと考えた。

紀伊國屋書店の棚は黒っぽく、旭屋書店は明るい茶色で傷が目立たなかった。いつも旭屋書店の棚を作っている業者を調べ、田中さんは大阪から呼び寄せてくれた。家具屋さんだった。日販の声がかりということで全力で対応してくれた。旭屋書店の人たちの要求を取り入れ続けた完璧な書棚だった。定有堂とは実はこの書棚そのものだったのかもしれない。

本は曲水だからこの書棚をぬってたゆまず流れ続ける。この棚は停滞を許さぬ動的な棚だった。

開業直前、日販岡山支店の紹介で、駅前の高島屋の書籍売り場で一週間ほど修業した。なぜか日販ＯＢの人たちが営んでいた。棚の色は明るい茶色だった。平台は普通よりも低めだった。定有堂の平台はこの高さに合わせた。ここの人たちと親しくなったのは大きな財産だった。体調を悪くしてしばらく休職しここへ復帰したベテランの人が、半年新刊の流れから離れるとなかなか元に戻れないと嘆いていた。本が曲水だということを知った。

本屋は庭だと思う。小さな本屋は奇想の庭だ。私は素人だったので、自分が楽しむために、熱量を込めれば込めるほどアール・ブリュットになっていった。しかしその手法の拙《つたな》さを逆に奇想として、しっかりしたデッサンの力で活かしたのは「棚」の力だった。曲水の庭には、水がたゆまず流れ続けるがゆえに時間とともに変化が生じる。これが小さな本屋だ。大名庭園は人が流れ回遊する、これが大きな書店だ。

本を並べることは、この曲水の庭に遊ぶことに等しかった。曲水の流れさえきちんと読み取り続ければ、並べることの技法はそれほど重要でない。自分の初発衝動の炎を燃やし続ければいい。庭は生産しない場所だ。森では狩猟し、キノコも採れる。

この完璧な棚に本を並べる。私は多くの人たちが手にとる本の内容はよくわからなかった。内容よりも表紙で選んだりした。外側の情報で判断することが多かった。いちばん情報を持っているのは買った人だ。大多数の人が買う雑誌には、誰もが知っているタレントが表紙を飾る。逆に知っている人しか知らない人物が表紙に用いられるとき、読者は狭いが購入の動機は強い。小さな雑誌は身の回りの情報変化の反映速度が速いからだ。実は人文書にも似たような傾向がある。曲水の庭、その水の流れの速度に人文書の読者は共振している。内容が狭く、その狭さを伝える表紙は自ずと実験的になり、本の並びがアートになる。本の連関よりも、人の好みのつながりをたどって並べると曲水が生まれる。人文書、カフェ本、猫の本、そんな個人の感受性を紐《ひも》づけて同居させる本棚はおのずとアートな曲水の気配を醸《かも》し出す。

本を並べることは技法ではなくどこまでも感性的なできごとだ。学ぶようなことがらではない。しだいにそのように考えるようになった。

茶色の棚に守られ四十三年素人のまま無事に本を並べ続けることができた。本を並べることは棚の空間と遊び続けること。迦陵頻伽《かりょうびんが》という鳥がどこかにいるらしい。本棚の上を「若空無我」と歌う。一九八〇年に茶色の棚が定有堂という本屋に化身し、こだわり囚われるような自分も本当は存在しない」と四十三年鳴き続けた。「世の中は空であり、こだわり囚われるような自分も本当は存在しない」とすべての書物が消え失せ、棚だけが残った。それでもこの「若空無我」の棚が定有堂だった。

この棚は日を置かず畏友の三砂慶明さんがその「読書室」に移送し、残った棚は一年経って、二階で本屋を始めることになった高木善祥さん（「SHEEPSHEEP BOOKS」）に引き取られ、また残りの一部は古書店の邯鄲堂《かんたんどう》の前田環奈《かんな》さんが受け継いだ。

本を並べる。曲水の庭に並べる。その庭は本棚。本棚に込められた初発衝動の熱量。語り残したいのは、そんな思い出だった。

本屋のプロット

トークイベントで、「なぜ鳥取で本屋を始めたのですか？」と問われた。質問者は日頃付き合いのある人だったので、城跡が珍しかったからと軽く答えた。日を置いて当日のモデレーターの三砂慶明さんから再び正面から問われた。

きちんと答えようと思った。問いが求めるものには二つの種類がある。ストーリーとプロット。前者は話の流れに偶然が多すぎる。もっと運命的な出合い、選択、そして自己実現の流れを耳にしないと、「分かった」と腑に落ちることがない。分かったと腑に落ちるのはプロットとして物語を受けとめたときだ。

人はどこででも生きられるはずだが、しかし骨を埋めるには「物語」が必要だ。その経緯を問われたのだと理解した。プロットはいくつでも書き直せるものだが、振り返ってみれば、人は結局一つのプロットを必然としてしか、生きることはできない。

東京でもし本屋を始めていたらどうなっていたのだろう、とふと思う。考えたこともなかったのだが、問われていることの文脈をたどるとそんな風景が浮かんできた。

本屋を始める前は高田馬場駅前にあった「寺小屋教室」という自主グループに所属していた。最盛期には百九十人ほどの会員がいた。主に思想研究の講座が十数本あった。

鳥取へ移るのと自営業を始めるのは一つ事だったのだが、本屋を始めればいいではないかと勧めてくれたのはこの自主講座の仲間たちだった。勧めるだけでなく近くの古書店のご主人まで紹介してくれた。思想誌の編集者で独立開業した人だった。本を購入したことはないが、通い詰めた。ノウハウを教わった。鳥取の古書店事情も調べてくれたが、お店の数が少なく交換市が成立しないから難しいだろうということだった。

その古書店主の友人が、池袋の三省堂書店で働いてるから紹介する、という運びになった。新刊の商いには取次という卸《おろ》しが介在するから、そのへんの事情も教わるといいよと忠告してくれた。

取次？　初めて聞く言葉だった。この教室とはまた別の付き合いだが、学生たちで作っていた総合雑誌『大学公論』の仲間で、今は日経新聞に勤めている蛇口健一さんという友人がいた。お姉さんのご主人が以前取次に勤めていて今は出版社で働いているから紹介するよと言ってくれた。お茶の水の大きな和風喫茶で会った。三省堂書店の人に会いに行くための予備知識を手に入れる目的だったのだが、あそこはトーハンだから止めた方がいいと、初っぱなから断言された。実は日販ＯＢだったのだ。そのまま近くにある日販の取引相談課に連れていかれた。いま思えば驚きだが、その瞬間に取引が決まった。中四国営業係に引き渡された。

東京でもし開業していたら、「寺小屋教室」の百数十人の仲間が常連客になっていたのだろうか。この団体の事務局長は後に光芒社という出版社を立ち上げた。書店を起こした人はいなかった。

それより遡《さかのぼ》った話だが、日経新聞に勤める蛇口さんは、ある日、「鳥取に初めてのヒッピー部落ができた」と情報をくれた。これが最初にすり込まれた鳥取のイメージだった。

なぜ鳥取で本屋を始めたのかという問いには、細君のふるさとが鳥取だったからという、めずらしくもないストーリーがあるだけだ。一方どのようにして鳥取で本屋が始まったかという問いにはプロットが生成する。

開業した一九八〇年はめまぐるしかった。本屋としての存在を町の中に認めてもらうのに忙しかった。タウン誌をつくっている若い人たちに親しくしてもらった。自分にできるのは、活字つながりが唯一の頼りだったからだ。二年後にこの雑誌の発行人の安藤隆一さんに、いとこが本を出すよと教わった。全く知らない人だったが、迷わず百冊仕入れろと言われた。タウン誌の人たちと交流を深めるのは私の方法論だったが、思いがけなく自分では到達することのできないもう一つの世界が開けた。ここから私の鳥取が始まった。『死の中の笑み』、著者は徳永進さん。日赤の内科医だった。結果百冊どころか千冊以上を販売することとなった。松下竜一さんと同時に講談社ノンフィクション賞を受賞し、すぐさまNHKでドラマ化された。

定有堂はその当時「シネクラブ・テイユウ」という映画鑑賞の会を立ち上げた頃だった。講師は近くのNHK鳥取放送局のディレクター箕輪貴さんだった。ある日ダビングしたビデオのカセットテープを持ってきた。NHK新人時代の教官が、鳥取に赴任していたことがあり、自分が鳥取に着任すると知り、このテープをくれた。教官がかつて作った番組だった。それは前に耳にしていた鳥取のヒッピー部落のドキュメンタリーだった。そのリーダーが徳永進さんだった。京大生のとき四条大橋でチラシを配って中国山地で一夏の部落を作ろうとヒッピー連中に呼びかけた。夏が終わって大多数は京都へ帰ったが、数人はそのまま部落に残った。そんな映像記録だった。

徳永進さんの本をたくさん売ったのは、本にとりあげられた人たちの遺族が読みたがっていたので、そこへ私が届けたからだった。書かれた人の遺族は書き残されたことをとても喜び、徳永進さんと自分たち家族の物語を私に詳しく話してくれた。一冊だけでなく十数冊買ってくれた。配るのだという。本を書く人でこれほど肯定される人をそれまで知らなかった。

刊行ひと月後に、この本の出版記念会が鳥取赤十字病院看護学校のホールであった。徳永進さんの本のことに一番詳しい人として、友人代表でスピーチを求められた。この徳永進さんを中心とした町の人たちが定有堂の顧客となった。数年して山に残ったヒッピーも鳥取の方に流れてきて親しくなった。知性豊かな人たちだった。徳永さんはその後、もう一つのヒッピー部落とも言えるものを町の中に作った。「こぶし館」という名前のセミナーハウスだった。その前史を書いた『形のない家族』という本を出したのは一九九〇年だった。

「寺小屋教室」にいたとき、理念と現実のくいちがいが、思考の与件だった。徳永進さんに出会い、その周辺の人たちと知り合うにしたがい、「現実」を与件とすることを自然に知った。「寺小屋教室」の思想的学びは「思考」の問いだったが、徳永進さんの世界にはケアすることの体験に根ざした「思索」があった。元ヒッピーの人たちに囲まれているとき「思考」は何か恥ずかしいもののように思えた。

本を読む自主講座から始まった、本を届けることへの物語だが、鳥取でどのように、「本屋」になっていったかの、一つの答えになりえただろうか。

焚き火から埋み火へ

二〇二四年三月五日に『町の本屋という物語　定有堂書店の43年』が刊行された。三砂慶明さんの仕事だ。三月十六日に角田光代さんの書評が「心揺さぶられる『体温』がある書店」という見出しで『毎日新聞』に出た。十七日には南陀楼綾繁さんの書評が「小さな店のこだわり」という見出しで『産経新聞』に掲載された。

五日の刊行日にはB&Bの内沼晋太郎さんと三砂さんの対話がYouTubeで配信された。十日には福岡のブックスキューブリックの大井実さんと三砂さんのトークイベントがあり、私もオンラインで参加した。十七日には午後に紀伊國屋書店新宿本店の星真一店長、夜に往来堂書店の笈入《おいり》建志さんと三砂さんとのトークにもオンラインで参加した。画面ごしに懐かしい人たちに出会えた。

内沼さんは二〇一一年に雑誌『BRUTUS』の「本屋好き特集」で定有堂を大きく紹介してくれた人だ。「本屋は人だ」というキーワードで、本好き本屋好きの人たちの中に定有堂の存在を印象深いものにした。聖地伝説まで生まれた。十三年経って「ブックセラーズ・ブックセラー」という言葉で定有堂の存在を振り返ってくれた。ミュージシャンに愛されるミュージシャンを「ミュージシャンズ・ミュージシャン」と言うそうだ。

また、「独立系書店」という言葉があるが、奈良さんは文字通り「ひとりで立っている」という意味での「独立」だ、孤高の本屋なのだと語った。スタンドアローンなのだ。つながりがない。素人で始めたので書店の「技術」や「駆け引き」などのしきたりにとらわれていない。本が好き、本屋が好きな人が好きという「初発衝動」（闘争心）があるだけだ。当然店のあり方はブリコラージュ的になる。自分で考え、自分で決める。そこに独特の「ことば」が生まれる。「ことば」をくれる人だ。これが十三年目の内沼さんの総括だった。

二十四日には県立鳥取西高で「なぜ人生には本が必要なのか？」と銘打って、角田光代さんとの対話があった。三砂さんのモデレートだ。角田さんの新刊『方舟を燃やす』の刊行記念でもあった。鳥取西高が作中に登場するのだ。「どむか」の歸山健一さんや作品社の青木誠也さんも会場参加していた。私は角田さんの『さがしもの』を生徒のみなさんに勧めた。読書の深みへと誘う絶妙の一冊だと思った。

翌々日の二十六日には『町の本屋という物語』の重版が確定した。刊行から二十二日目、三砂さんの奔走の成果だ。

二十七日は朝日新聞の木元健二さんと、ニューオータニ鳥取の十三階ラウンジで昼食会をした。三時間ほど、この本について語り合った。この本が伝えようとするのは、ワンイシューでいうと何だろうね、というのが話題だった。私は三砂さんが好んで使う「焚き火」でしょうかと答えた。角田さんはこの本を表して「温もり」のある世界だといった。「焚き火」と「温もり」、人と人との肌寄せ合うところに生まれるものだ。木元さんは、ぼくは「埋《うず》み火」という言葉が好きだといった。炉や火鉢などの灰に埋めた炭火だ。これは木元さん流のノンフィクションの核心だ。「埋み火」を秘めた人を探して作品にしていく人なのだ。この本に「埋み火」を見出してくれたのはうれしかった。

『町の本屋という物語』は遅れてきた人たちのための書物だ。四十三年の長きにわたる本と本屋の記録なのだ。もしこの本が遅れてくる人たちに発見されなければ何の意味もない。定有堂の光芒にぎりぎり間に合った三砂さんが、次の世代に残してくれた本だ。間に合った人たちにはとっては定有堂は「温もり」のある「焚き火」だった。木元さんは「それは終わったことだ」と言う。しかし次の世代に届けようとする、リレーしようとする意志が強固に感じられる。それはいつか炎を蘇らせる「埋み火」だと言う。「伝える価値」のある何事かだとも。

定有堂は四月十八日で店を閉ざしてちょうど一年になる。木元さんのこの「埋み火」の話は「著者に会いたい」というコーナーで、二日遅れて二十日の書評の片隅に掲載された。

二十六日には、会場を県民文化会館に変えた最初の「読む会」があった。十五人の参加だった。テキストは山内志朗『中世哲学入門』。「存在の一義性」や「馬性は馬性以外の何ものでもない」という有名な言葉が俎上にのった。難解でまったく分からなかった。後日講師の岩田直樹さんはマレンボンの『哲学がわかる　中世哲学』の第六章に「馬性」の分かりやすい論述があるよと補講してくれた。「馬性」に「偶有性」をからませて考えるものだった。十五人の集まるその場所にはたしかに「埋み火」の熱量が生まれつつあった。

「わからない」の方へ

本屋の「屋」は、本をもっぱらとして扱うという意味だと、我田引水的に主張してきたが、本を無用にもっぱら読み続けるのも、「本・屋」とは言えないのだろうか。素直に読書にのめりこんでいると言えばいいのだが、長く本屋であり続けた習性が、まだ抜けきらないので、そんな埒もないことを考えている。

本は無用にたくさん読んでいるが、「考える」きっかけになる本にはなかなか出合わない。図書館にも足繁く通うのだが、検索して借り出している以上、自分の閾《いき》を越えることはなかなかできない。図書館好きの人たちは、返却本の一時置き場に目をつけ、そこで面白い本を発掘する。他人が見つけた本を再発見するという楽しさがある。

読書の目的は他者との対話だから、他者と出会わないと、なかなか自分の思考の枠を壊すような思索に、出くわすことができない。

本を読む目的を自分の思考の枠組みを壊すことと決めつけているのだろうか。「思考」は効率を上げるという行く先をもっている。「思索」は自分自身との対話だから、その思索のきっかけは外部からしかやってこない。

先日久しぶりに、思索のきっかけとなるような本を教えてもらえる機会があった。日頃の疑問を質問し、答えをもらい、さらに読むべき本も教わった。数カ月に一度くらいしか会えない人なので、この機会に教えを請うた。

小坂井敏晶『答えのない世界を生きる』、中島らも『僕にはわからない』、鈴木俊隆『禅マインドビギナーズ・マインド』などだ。

「わからない」あるいは「わからなくなる」がテーマの入口だった。「わかる」は結論へ最速で向かう。「わからない」は、寄り道をして迂回する。さてなぜ「わからない」のがいいのだろう。

「知識の欠如が問題なのではない。反対に知識の過剰が理解の邪魔をする」（小坂井）

「慣れ親しんだ文脈から問題が切り離され、他の文脈におかれる。脈絡のなかった知識が結びつき、矛盾が解ける。その瞬間、悟りのような感覚が生まれる」（同前）

読書の仕方に二つの道筋がある。知っていることの上にさらに知識を積み上げていく。いつか量が質に一転する。もう一つは、知っていることを砕き、知らないことへと誘われる。わからなくなることを楽しむ道だ。なぜわからないことの方がいいのだろう。求めているのが無用の読書だからだ。無用の読書は出口へ向かうのでなく、入口へ向かう読書だ。前者を思考と呼び、後者を思索（パンセ）と呼ぶ。

「厳密に考えるなら『生きている』の反対概念は『死』ではなくて、『生きていない』でなければならない」（中島）

「『死』という状態は想像力によってのみ想定され得る架空の概念でしかない」（同前）

思考は寄り道しない。死が架空の概念という結論は、思考でなく思索だ。本を売る本屋としての四十三年は、最短の出口を求めて思考し続けた。本を売らなくなって後の「本・屋」人生は、出口を必要としない、無用の読書にひたり続けている。生命は出口へ向かえば死にいたる。しかし入口へ入口へと目を反転すれば、生命の連続にたやすく気づく。だから「永遠に死なない」と中島らもは発見する。小坂井のいう「知識の過剰」が邪魔をしていたということだろうか。

鈴木俊隆は「初心者の心（ビギナーズ・マインド）」が大切だという。

「いつも初心者でいること、これは諸芸のまぎれもない秘訣でもあるのです」（鈴木）

「何かを得ようとすると、心はどこか別のところをさまよい始めます。何も得ようとしなければ、自分の身心はまさにここにあります」（同前）

「私たちは、今、ここに存在しなければならないのです」（同前）

思考は「わかる」方向へ向かう。思索（パンセ）は「わからない」方向へ向かう。

役に立つ有用の読書と「無用の読書」。無用の読書は「本・屋」の読書。私の導きの人は、こんな課題を与えてくれたのかもしれない。わからないことを尋ねて、「ここに存在」し続けてみようと思う。

「本・屋」の読書。「無用」の読書、「初心」の読書、そんな導きの言葉が浮かんできた。

あとがき　これからの十年

本屋をはじめる前

　読者であることの体験だけで本屋を始めたのだが、その「読者であることの体験」とは何だったのだろう。考える、瞑想する、それだけの生き方だ。そして何者でもないことのいらだちがつきまとう日常だった。

　引きこもるようにして本を読んでいると、ある日ふと気づく、本を読んでも何一つ生活の役に立たないと。そして周りのみんなが熱心に本を読んでいたはずだが、ある日見渡してみたら少数者になっていた。いつまでたっても本の中に書いてあることの方が、現実の世界よりも大切なことのように思えた。

　自分の部屋に本棚があり、一冊一冊並べる本が増えていく。見えているような気がするのに手にすることができないもの、本はそんな言い得ないものをきちんと言葉にしてくれる。本の中のすべてが必要なのではない。必要なところにラインを引いていく。そしてそれが自分の骨肉になっていく。それは自分を拡張していくことだった。

拡張された自分とは何だったのだろう。ランボオの言葉が憑依するのはそんなときだった。「また見つかった、――何が、――永遠が、海と溶け合う太陽が」「永遠」と対峙している錯覚だった。果てに自分の人格が切れ切れになる。しかし統合する必要はない。多重化した人格を飼いならしていく。本を読む人はそんな秘密を持っている。そしてそれは本を読むことに由来する「力」だ。

本屋を生きる

本を読むいろんな人が、本屋を始めるという結論あるいは出発点に到達する。私の場合は読者であった経験だけで本屋を始めるという決意の場所だった。というか、それしかなかった。本を読み続けてきたが本を読むことに目的はなかったというのが結論だった。

本を読むことの先に、本の中のような人生は扉を開いていなかった。とすると本そのものを目的として生きるしかない。本を読むのでもない書くのでもない、本を売るという人生がそこにあった。読むことや書くことは、あまりに一つの人格のもとに緊縛性が強く行き止まりだった。本を売るという人格が、解けなかった人生の問いを一挙に明快なものにしてくれた。

「本を読む」という行為は自分を人から遠ざける営みだった。「本を売る」という行為は人々に自分を紐付《ひもづ》けていく営みだった。自分が読者として本を読んでいるときはとても孤独だった。本を売る日々はたくさんの読者に出会いその多様さは驚きだった。本を読む人はいろんな職種に就いていた。自分の観念に閉じこもるための読書でなく、そこでは本が人を活かしていた。

本を職域に届けることで、自分がありえたかもしれない多数の職業を身近にすることができた。建築会社、放送局、新聞社、病院、美容室、コピー機販売会社、郵便局、学校、役所、ジープ愛好家の人たち、お寺さん、教会、図書館、レストラン、喫茶店、設計事務所、美術館。その中のいくつかは昔の友人が勤めていた職種だ。ひょっとしたら私も選択できた、あるいは勤め上げたかもしれない職種だ。私は何者にもなり得なかったと思っていたが、本を届けることの中で、やはり私には本を売る道筋しかなかったのだと安堵した。

本を売ることで一度個性を捨てたのだが、結果として個性を回収していく路《みち》でもあった。そのようにして本を売る営みは、狭い範囲ではあるけれどもこの町の中に広がっていった。

本屋を縮減する

私の本屋の仕事は店売、店外販売、そして利益を出す仕事ではないのだけれど、読書会やミニコミ交流誌の発行という形態のもとに成り立っていた。

目を凝《こ》らして見れば、本屋とそしてその本屋の内に、入れ子構造として「ほんや」があるようなものだった。それは本屋本来の仕事としては余計なものだった。「あそび」と「ゆとり」とでもいうべきものだった。

本屋がなぜよかったかというと、本を読むことの先に待ち受けている「仕事」というものはなかったが、少なくとも本屋だけは過剰な思いを受けとめてくれるものだったからだ。その受けとめてくれるものが、本屋に属性的に存在する「あそび」と「ゆとり」だった。その「あそび」と「ゆとり」は、私においては読書会とミニコミ誌だった。

本屋以外の仕事ではこの「あそび」と「ゆとり」は見つけることができなかった。「のりしろ」のように場所をあけわたすことによって、この「あそび」と「ゆとり」が生成する。そのためには「仕事」が退くことが必要だった。本当にやりたいことだけに仕事をそぎ落としていく。そんなことが可能なのだろうか。幸い世の中はだんだん本屋を必要としなくなっていくようになった。世の中のそんな冷めた視線も「そぎ落とし」に力を貸してくれた。

本屋も長く続けているとだんだん出口が見えてくる。私はこの方向を「縮減」と呼んだ。本屋をまっとうすることは本屋の縮減を一代で試みることだ。私の「縮減」はどこへ向かうのだろう。「あそび」と「ゆとり」へそぎ落としていくうちに、この方向は出口へ到ることはなく「縮減」こそが出口なのだと気づいた。そう気づいた瞬間それは入口でもあった。

これからの十年

私の「あそび」や「ゆとり」は本屋の仕事が始まったときから小さなブラックホールのように本屋の中に巣くっていた。それは「定有堂教室」という名で呼ばれていた。そぎ落とされて本屋が消え失せた後には「あそび」と「ゆとり」だけが残った。「読む会」「ドゥルーズを読む会」「読書室ビオトープ」という読者の集いが残った。私の生活は振り出しに戻った。

読者であることの体験から本屋を始めた。それは本を読むことの中には何一つ目的へ導くものがなく、自己同一性的に「本を読んだから本を売る」という選択ともいえない選択だった。本を読むことはきっと何か役に立つ、立たねばならないと空をつかむように生きて、いつしか七十五歳になっていた。もういいだろうと背中をたたく暖かい手を感じ、「本を読むから本を売る」という螺旋《らせん》から降りることができた。

本屋の四十三年は本を売るために本を読んできた。本屋を始めるとき、いつまでたっても結論を出してくれないそれまでの本は、段ボールにしまって積み捨てていた。売るための本が店頭から一夜にして消えたとき、残ったのは四十三年前に段ボールに封印した若き日の蔵書だけだった。本屋の倉庫に転がしていたのだが、四十三年目にして初めて自宅に引き取られた。

しばらくは惰性で新刊が気になり、変わらず読みつづけていたが、探し出した本を届ける先もなく、だんだん興味が薄れてきた。本の届け先があるという前提のもとに本を読むのが本屋のならいだったのだ。古い蔵書へと少しずつ関心が向くようになった。

そぎ落とされた「縮減」へ足を踏み入れて三年が過ぎた。読者であることの体験からする何事かから、読者に帰還した。本を読みながら「まち」を歩く。手に入れたのは「あそび」と「ゆとり」、これだけなのかもしれない。花が落ち、葉が残った桜土手を歩く。ベンチで、読んだ本、これから読む本のことを考える。県立図書館の小研修室へ通う。ときに常連と声のない挨拶を交わす。座り疲れたら大規模の珈琲店へ移動する。そこにはテーブルにパソコンを置き、参考書を積み重ねる人々がいる。これもこの「まち」の姿だ。

かつて定有堂書店があった定有堂ビルの二階に、一年たって、本屋ができた。幸い定有堂の古い棚を再活用してくれている。ＳＨＥＥＰＳＨＥＥＰ　ＢＯＯＫＳという。ヒツジの本屋だ。店主の髙木善祥さんは定有堂教室「読む会」のメンバーだった。「読む会」から生まれた本屋だ。ヒツジは弱い生き物だ。自分も弱い、だからヒツジの本屋だという。私の四十三年をそぎ落としてしまえば、こんな本屋が生まれ落ちたのかもしれないと新鮮な思いがする。でもこれからの十年、私は本を売ることはない。このヒツジの本屋の入口近くに小部屋があり、「まち」を歩く一つの行く先になっている。入口には「定有堂教室事務局・『音信不通』編集部」と看板がかかっている。立って半畳寝て一畳、古い言葉だがそれだけの広さの小部屋だ。縮減の果てに手に入れたこれからの入口の空間だ。狭いが夢を紡《つむ》ぐには十分すぎる空間だ。何を夢見るのだろう。夢を見直すのだと思う。本を読むことの先に本当に目的はなかったのだろうか。このつぶやきを反芻するのが残された十年の「あそび」と「ゆとり」だ。

これからの十年、もう希望をもって語る必要はない。本を読むことがよくも悪くも私をとらえて離さなかった。「あそび」と「ゆとり」のその果てに導かれていくだけだ。そこに「永遠」があるのかもしれない。この歩みの果てにランボオの伝説が甦《よみがえ》る。

「何故に、永遠の太陽を惜むのか、俺たちはきよらかな光の発見に心ざす身ではないのか」という、本を読む人をとらえて離さない忘れられない響きが、オブセッションのように立ち返ってくる。

二〇二四年十二月十二日

奈良敏行

編者謝辞

前著『町の本屋という物語　定有堂書店の43年』に続き、本書もたくさんの方にご協力いただきました。僭越ながら著者にかわって編者として謝辞を述べさせていただきます。

本書の原稿の大半は、定有堂書店が発行する月刊のミニコミ誌『音信不通　本のビオトープ』に掲載されたエッセイです。この『音信不通』の編集長であり、著者が立ち上げた太極拳教室「葉香《ようか》クラブ」で指導員をつとめるドラメリア氏こと、小林みちるさんの尽力がなければ、本書が完成することはありませんでした。また、本書制作にあたり、意見や感想を寄せて下さった『音信不通』の寄稿者と読者の皆様にも深く感謝します。

そして一九八八年、定有堂書店で濱崎洋三さんが始めた人文書の読書会「読む会」を引き継ぎ、講師として支え続けている岩田直樹先生の存在なくしては、定有堂書店の代名詞ともいえる読書会はありえません。「読む会」だけでなく、「ドゥルーズを読む会」、「読書室ビオトープ」に参加する皆様の、読書に対する深い愛情に心からの敬意を表します。

本書のエッセンスを目に見える形に変えてくれた素晴らしい装幀は、soda design のタキ加奈子さんの仕事です。

そして作品社の青木誠也さんには、索引の作成など前著に引き続き本書でも、常に的確な指摘を頂戴し、粘り強く完成まで導いていただきました。出版に関わって下さった同社の皆様にも重ねて御礼申し上げます。

本書の精神を体現した装画と各章のイラストは、著者とともに定有堂書店を四十三年経営してきた奈良千枝さんに手がけていただきました。奈良さんから届けられる書き下ろしの原稿には、いつも千枝さんの検印がありました。原稿を読んでいると、お二人の対話が聞こえてくるような気がして、嬉しくなりました。本書の刊行を力強く後押しして下さっただけでなく、文章そのものにも大きな力をいただきました。

最後に、前著に引き続き、本書の編集を任せてくださった奈良敏行さんに感謝をお伝えしたいと思います。私が奈良さんと出会ったのは、定有堂書店が刊行した『伝えたいこと　濱崎洋三著作集』という一冊の本がきっかけでした。その際、「読む会」のことを知り、読書は一人ではなく、みんなですることも可能なのだという気づきをいただきました。

読書会の末席に加えていただいただけでなく、さらには『音信不通』や太極拳教室にも参加させていただきました。期せずして定有堂書店に通う読者の皆様と交流する機会を得て、奈良さんがどんな思いで本屋という仕事を続けてきたのか、その一端を知ることができました。前著『町の本屋という物語　定有堂書店の43年』が奈良さんの声だとすれば、本書は奈良さんの魂そのものです。

ふり返れば、私はいつも道に迷ったとき、奈良敏行さんに会いに行っていました。その都度、定有堂書店の棚に並んでいる本を入口にして、これから先どう生きていけばいいか、導きとなる言葉をいただいてきました。本書が、私と同様、道を探している人やこれから新しい挑戦を考えている方にとって、歩き始めるためのきっかけや道しるべになったら、これに勝る喜びはありません。いつかどこかの本屋でめぐりあい、一緒に奈良さんのお話ができる日を心から楽しみにしています。

二〇二四年十二月

読書室　三砂慶明
（編集協力　三砂あい）

『対訳ランボー詩集』（中地義和編訳、岩波文庫、2020） 138
『マラルメ・ヴェルレーヌ・ランボオ』（筑摩書房世界文学大系、1962） 194

【り】

リュウ、ケン 74, 78, 79, 87, 104
『生まれ変わり』（古沢嘉通他訳、ハヤカワ文庫SF、2021） 79
『紙の動物園』（古沢嘉通訳、ハヤカワ文庫SF、2017） 74, 78, 87, 104
『もののあはれ』（古沢嘉通訳、ハヤカワ文庫SF、2017） 78, 87
劉慈欣 108
『三体』（大森望、光吉さくら、ワン・チャイ訳、早川書房、2019） 108
龍樹 57
『中論』 57
良寛 167, 181

【る】

ルソー、ジャン＝ジャック 168, 169
『言語起源論』（小林善彦訳、現代思潮新社、2007） 168
ルビン、エドガー 62
ルーベンスタイン、リチャード・E 128
『中世の覚醒』（小沢千重子訳、ちくま学芸文庫、2018） 128

【れ】

レヴィ＝ストロース、クロード 137
『野生の思考』（大橋保夫訳、みすず書房、1976） 137
レム、スタニスワフ 198, 204
『ソラリス』（沼野充義訳、ハヤカワ文庫SF、2015） 198, 204

【ろ】

ロヴェッリ、カルロ 141, 193
『時間は存在しない』（冨永星訳、NHK出版、2019） 141
『すごい物理学入門』（竹内薫、関口英子訳、河出文庫、2020） 193

【わ】

若松英輔 95
『本を贈る』（共著、三輪舎、2018） 95
ワクサカソウヘイ 149-151
『ふざける力』（コアマガジン、2015） 149-151
渡辺正峰 78
『脳の意識　機械の意識』（中公新書、2017） 78
王子鵬 119
『太極拳を語る』（植松百合子訳、BABジャパン、2018） 119

2022） 166

【め】
メルヴィル、ハーマン 104
「ビリー・バッド」 104
メルロ＝ポンティ、モーリス 176, 211

【も】
モラヴィア、アルベルト 147
『倦怠』（河盛好蔵、脇功訳、河出文庫、2000） 147
森毅 145
『まちがったっていいじゃないか』（ちくま文庫、1988） 145
森まゆみ 183
『京都不案内』（世界思想社、2022） 183

【や】
八木敏雄 195
『エドガー・アラン・ポー』（冬樹社、1976） 195
矢田部英正 137
『日本人の坐り方』（集英社新書、2011） 137
柳父章 41, 57-60, 195
『近代日本語の思想』新装版（法政大学出版局、2017） 59
『現代日本語の発見』（てらこや出版、1983） 41, 58
『翻訳語成立事情』（岩波新書、1982） 58
『翻訳の思想』（ちくま学芸文庫、1995） 57, 195
山内志朗 133, 137-139, 155, 164, 166, 186, 196
『自分探しの倫理学』（トランスビュー、2021） 138
『中世哲学入門』（ちくま新書、2023） 221
『無駄な死など、どこにもない』（未来哲学研究所、2021） 138
『目的なき人生を生きる』（角川新書、2018） 133, 137, 138, 155, 166, 186, 190, 196
山口昌男 178, 179, 201, 202
『本の神話学』（中公文庫、1977） 178
『歴史・祝祭・神話』（中公文庫、1978） 179, 201

【ゆ】
湯本香樹実 74
『岸辺の旅』（文春文庫、2012） 74

【よ】
吉川幸次郎 205
『論語　上』（朝日文庫、1978） 205
芳川泰久 163
『ドゥルーズ　キーワード89　増補新版』（せりか書房、2015） 163
吉田恭大 24, 155
吉本隆明 195
『敗北の構造』（弓立社、1972） 195
『吉本隆明全著作集』全15巻 （勁草書房、1968-75） 195
頼住光子 56, 140
『正法眼蔵入門』（角川ソフィア文庫、2014） 56, 140

【ら】
ラファルグ、ポール 204
『怠ける権利』（田淵晉也訳、平凡社ライブラリー、2008） 204
ランボー（ランボオ）、アルチュール 49, 50, 71, 108, 138, 149, 184, 194, 197, 198, 226, 230
『地獄の季節』改版 （小林秀雄訳、岩波文庫、1970） 49, 197

ない』(高橋洋訳、青土社、2020)
141, 142
堀千晶　163
『ドゥルーズ　キーワード89　増補新版』(せりか書房、2015)　163
ホロウェイ、ジョン　142, 143
『権力を取らずに世界を変える　増補修訂版』(大窪一志、四茂野修訳、同時代社、2021)　142
ホワイト、ライオネル　147
『気狂いピエロ』(矢口誠訳、新潮文庫、2022)　147, 149
本多秋五　195
『転向文学論』第3版(未来社、1972)
195

【ま】

馬長勲　119
『太極拳を語る』(植松百合子訳、BABジャパン、2018)　119
前川欣三　108
『くいしんぼうのあおむしくん』(福音館書店、2000)　108
前田巍　161
『文章の勉強』(大修館書店、1999)
161
前田正彦　183
『レジリエンス』(清水美香編著、日本評論社、2023)　183
槇ひろし　108
『くいしんぼうのあおむしくん』(福音館書店、2000)　108
町田康　74
松浦弥太郎　202
『最低で最高の本屋』(集英社文庫、2009)　202
松下竜一　217
マヤコフスキー、ウラジーミル　16
丸山伊太朗　126, 152
丸山圭三郎　56
『言葉と無意識』(講談社現代新書、1987)　56, 57
マレンボン、ジョン　221
『哲学がわかる　中世哲学』(周藤多紀訳、岩波書店、2023)　221
マンゴー、レイモンド　203
『就職しないで生きるには』新装版(中山容訳、晶文社、1998)　203

【み】

三浦雅士　14
三上章　59
三砂慶明　115-119, 164-167, 183, 186, 188-190, 205-207, 214, 215, 219-221
『サンガジャパン　特集 食べる——食と心の健康』Vol. 35 (サンガ、2020)
117
『千年の読書』(誠文堂新光社、2022)
165
『BRUTUS　本屋好き。』No. 903 (マガジンハウス、2019)　117
『本屋という仕事』(世界思想社、2022)　165
『町の本屋という物語』(作品社、2024)　206, 219-221
『ユリイカ　総特集：書店の未来』(青土社、2019)　116, 117
水原涼　74
『蹴爪』(講談社、2018)　74
源実朝　189
宮川敬之　57, 90, 162
三宅玲子　105, 183
宮沢賢治　21
「ポラーノの広場」　21

【む】

向井和美　166
『読書会という幸福』(岩波新書、

早川義夫　178
『ぼくは本屋のおやじさん』（晶文社、1982）　178
原口統三　108
『二十歳のエチュード』（角川文庫、1952）　108
ハン・ガン　104
『ギリシャ語の時間』（斎藤真理子訳、晶文社、2017）　104

【ひ】
日高敏隆　141
『動物と人間の世界認識』（ちくま学芸文庫、2007）　141
平井啓之　194
『ランボオからサルトルへ』（弘文堂、1958）　194
平林克己　155
『京大吉田寮』（草思社、2019）　155
廣松渉　176

【ふ】
pha　155-157
『どこでもいいからどこかへ行きたい』（幻冬舎文庫、2020）　157
『フルサトをつくる』（ちくま文庫、2018）　155
『持たない幸福論』（幻冬舎文庫、2017）　155
フォイエルバッハ、ルートヴィヒ・アンドレアス　18
『将来の哲学の根本命題』（松村一人、和田楽訳、岩波文庫、1967）　18
藤森栄一　29
『かもしかみち』（学生社、1995）　29
フッサール、エトムント　176
船木亨　128
『ドゥルーズ』（清水書院、2016）　128
プラトン　184, 208
ブルデュー、ピエール　158
ブルトン、アンドレ　124
『ナジャ』（巖谷國士訳、岩波文庫、2003）　124
ブレイディみかこ　127, 139, 158
『労働者階級の反乱』（光文社新書、2017）　139
プレヴォー、アベ　112
『マノン・レスコー』（新潮文庫、2004）　112

【へ】
ヘーゲル、ゲオルク・ヴィルヘルム・フリードリヒ　184, 208
ヘッセ、ヘルマン　210
『クヌルプ』改版（高橋健二訳、新潮文庫、2013）　210
『シッダルタ』（手塚富雄訳、岩波文庫、2011）　210
ベルグソン、アンリ　194
『ベルグソン全集』全9巻　（共訳、白水社、1965-66）　194

【ほ】
ポー（ポオ）、エドガー・アラン　129, 149, 194, 195
『エドガア・アラン・ポオ全集』全6巻　（谷崎精二訳、春秋社、1969-70）　194
『大鴉』（沖積舎、2005）　149
「赤死病の仮面」　129
ボードレール、シャルル　194
『ボードレール全集』全4巻　（福永武彦編、人文書院、1963-64）　194
ボッカッチョ、ジョヴァンニ　129
『デカメロン』上中下　（平川祐弘訳、河出文庫、2017）　129
ホフマン、ドナルド　141
『世界はありのままに見ることができ

1990）　218
『死の中の笑み』（ゆみる出版、1982）217
戸沢充則　29
『縄文人との対話』（名著出版、1987）29
ドストエフスキー、フョードル・ミハイロヴィチ　168
『罪と罰』上中下　（江川卓訳、岩波文庫、1999-2000）　168

【な】
永井玲衣　193
『水中の哲学者たち』（晶文社、2021）193
永江朗　63
長岡義幸　34, 35, 181
『物語のある本屋』（胡正則共著、アルメディア、1994）　34
中沢新一　114
『レヴィ＝ストロース　野生の思考』（NHK出版、2016）　114
中島らも　223, 224
『僕にはわからない』（講談社文庫、2008）　223
仲正昌樹　114
『ハンナ・アーレント　全体主義の起原』（NHK出版、2017）　114
夏目漱石　59
『吾輩は猫である』　59
南陀楼綾繁　85, 95, 103, 219
『地域人』50号　（大正大学地域構想研究所編、大正大学出版会、2019）95
『ヒトハコ』創刊号　（書肆ヒトハコ、2016）　85

【に】
二階堂奥歯　108
『八本脚の蝶』（河出文庫、2020）　108
西研　114
『カント　純粋理性批判』（NHK出版、2020）　115
西村佳哲　145, 166
『かかわり方のまなび方』（ちくま文庫、2014）　145
『自分の仕事をつくる』（ちくま文庫、2009）　166

【ぬ】
沼田真一　15
『ともに創る！　まちの新しい未来』（早田宰、加藤基樹、阿部俊彦共編著、早稲田大学出版部、2013）　15

【ね】
ネルソン、ジミー　61, 64
『彼らがいなくなる前に』（神長倉伸義訳、パイインターナショナル、2016）61, 64

【の】
野口裕二　15
『ナラティヴ・アプローチ』（勁草書房、2009）　15
野村泰紀　78, 87, 141, 148
『なぜ宇宙は存在するのか』（講談社ブルーバックス、2022）　148
『マルチバース宇宙論入門』（星海社新書、2017）　78, 87, 142, 148

【は】
橋田邦彦　176
埴谷雄高　195
『濠渠と風車』（未来社、1957）　195
濱崎洋三　32, 100, 105, 106, 190
『伝えたいこと』（定有堂書店、1998）32, 100, 105, 180

【た】

ダーウィン、チャールズ　121
多賀茂　148
『概念と生』（名古屋大学出版会、2022）　148
高村友也　81, 83, 88, 118, 119, 153, 166
『スモールハウス』（ちくま文庫、2018）　81, 83, 88, 118-120, 153, 166
『存在消滅』（青土社、2022）　153
『僕はなぜ小屋で暮らすようになったか』（同文舘出版、2015）　81, 153
竹田信弥　122
『街灯りとしての本屋』（雷鳥社、2019）　122
田中佳祐　122
『街灯りとしての本屋』（雷鳥社、2019）　122
谷崎精二　194
『エドガア・アラン・ポオ全集』全6巻（春秋社、1969-70）　194
玉村豊男　126, 152
『料理の四面体』（中公文庫、2010）　126, 152
淡野安太郎　194
『ベルグソン』（勁草書房、1996）　194

【ち】

筑紫哲也　38
『ニュースキャスター』（集英社新書、2002）　38
千野帽子　47, 87
『人はなぜ物語を求めるのか』（ちくまプリマー新書、2017）　47, 87
チャン、テッド　41, 42, 78, 80, 87
『あなたの人生の物語』（浅倉久志他訳、ハヤカワ文庫SF、2003）　41, 78, 87

【つ】

塚本虎二　57
『新約聖書　使徒のはたらき』（岩波文庫、1977）　57
辻山良雄　188-190, 205
『しぶとい十人の本屋』（朝日出版社、2024）　205
『小さな声、光る棚』（幻冬舎、2021）　188
『熱風』（スタジオジブリ）　188, 205
筒井康隆　119
『壊れかた指南』（文春文庫、2012）　119
「耽読者の家」　119
津村喬　68, 184, 185
『気功への道』（創元社、1990）　184
『気脈のエコロジー』（創元社、1993）　68, 184
鶴見俊輔　99
『日常的思想の可能性』（筑摩書房、1967）　99

【て】

デュビュッフェ、ジャン　207
寺山修司　189
デリダ、ジャック　169, 194
『根源の彼方に』上下（足立和浩訳、現代思潮社、1972）　169, 194

【と】

道元　191
ドゥルーズ、ジル　162-166, 169, 182, 187, 194, 196, 198, 204
『差異と反復』上下（財津理訳、河出文庫、2007）　164
『ベルクソンの哲学』（法政大学出版局、1974）　194
徳永進　11, 36, 217, 218
『形のない家族』（思想の科学社、

『未来への大分岐』（集英社新書、2019） 92, 139
坂口恭平 157
『現実脱出論』増補版（ちくま文庫、2020） 157
佐々木閑 90, 140, 148
『般若心経』（NHK出版、2014） 90
『仏教は宇宙をどう見たか』（化学同人、2013） 90, 140, 148
佐々木俊尚 86
『キュレーションの時代』（ちくま新書、2011） 86
『レイヤー化する世界』（NHK新書、2013） 86
佐藤裕之 191
『バガヴァッド・ギーター』（角川ソフィア文庫、2022） 191, 202
佐内正史 63
『フォトグラファーの仕事』（共著、平凡社、2004） 63
サルトル、ジャン゠ポール 176, 195
『サルトル全集』全38巻 （共訳、人文書院、1950-77） 195
『実存主義とは何か』（伊吹武彦訳、人文書院、1955） 195
澤野雅樹 164
『ドゥルーズを「活用」する！』（彩流社、2009） 164

【し】

思想の科学研究会 99
『共同研究　転向』上中下 （平凡社、1959-62） 99
ジッド（ジイド）、アンドレ 147
『狭き門』改版（山内義雄訳、新潮文庫、1954） 147
篠原雅武 142
『「人間以後」の哲学』（講談社選書メチエ、2020） 142
柴田信 22-26, 36, 54, 201
『ヨキミセサカエル』（日本エディタースクール出版部、1991） 23, 24
シムノン、ジョルジュ 147
『離愁』（谷亀利一訳、ハヤカワ文庫、1975） 147
シュテュンプケ、ハラルト 204
『鼻行類』（日高敏隆、羽田節子訳、平凡社ライブラリー、1999） 204
白井明大 180

【す】

菅谷明子 121
杉本貴司 121
『ネット興亡記』（日本経済新聞出版、2020） 121
スコトゥス、ヨハネス・ドゥンス 139
『形而上学問題集』 139
鈴木俊隆 223, 224
『禅マインド　ビギナーズ・マインド』（藤田一照訳、PHP研究所、2022） 223
スタロバンスキー、ジャン 168, 194
『ルソー　透明と障害』新装版（山路昭訳、みすず書房、2024） 168, 194

【せ】

関川夏央 104

【そ】

ソクラテス 184
ソシュール、フェルディナン・ド 57
ソロー、ヘンリー・デイヴィッド 12-14, 26, 211
『ウォールデン　森の生活』上下 （今泉吉晴訳、小学館文庫、2016） 12-14, 211
『孤独の愉しみ方』（服部千佳子訳、イースト・プレス、2010） 12

集英社新書、2019） 92, 139
カント、イマヌエル 109, 115

【き】
木田元 136, 183, 208
『反哲学史』（講談社学術文庫、2000） 136, 183, 184
北尾トロ 63
橘川幸夫 133, 134
『21世紀企画書』（晶文社、2000） 133
木下清一郎 47, 56, 141
『心の起源』（中公新書、2002） 47, 56, 141

【く】
串間努 103
『ミニコミ魂』（晶文社、1999） 103
國友公司 145
『ルポ路上生活』（KADOKAWA、2021） 145
熊谷晋一郎 125-127, 138
『〈責任〉の生成』（新曜社、2020） 126
『つながりの作法』（NHK出版生活人新書、2010） 125-127, 138, 146
クリステンセン、クレイトン 121
『イノベーションのジレンマ 増補改訂版』（伊豆原弓訳、翔泳社、2001） 121
クリック、フランシス 142
『DNAに魂はあるか』（中原英臣訳、講談社、1995） 142
栗原康 112, 124, 126, 127, 157
『はたらかないで、たらふく食べたい 増補版』（ちくま文庫、2021） 126, 157
『村に火をつけ、白痴になれ』（岩波書店、2016） 112
グリーン、グレアム 147
『情事の終り』（上岡伸雄訳、新潮文庫、2014） 147

【け】
見城徹 108
『読書という荒野』（幻冬舎文庫、2020） 108

【こ】
小泉義之 164
『ドゥルーズと狂気』（河出書房新社、2014） 164
ゴーギャン、ポール 148
國分功一郎 104, 124, 126, 145
『〈責任〉の生成』（新曜社、2020） 126
『中動態の世界』（医学書院、2017） 104
『暇と退屈の倫理学』（新潮文庫、2021） 145
小坂井敏晶 223, 224
『答えのない世界を生きる』（祥伝社、2017） 223
ゴダール、ジャン゠リュック 147
ゴドウィン、ジョスリン 21
『星界の音楽』（斉藤栄一訳、工作舎、1990） 21
小町谷照彦 130
『古今和歌集』（ちくま学芸文庫、2010） 130
コンラッド、ジョゼフ 150
『闇の奥』（黒原敏行訳,光文社古典新訳文庫、2009） 150

【さ】
斎藤幸平 124, 126, 127, 138
『人新世の「資本論」』（集英社新書、2020） 126, 138

【う】
ヴァレラ、フランシスコ　142
『身体化された心』（エヴァン・トンプソン、エレノア・ロッシュ共著、田中靖夫訳、工作舎、2001）　142
ヴァレリー、ポール　18, 147, 149, 153, 154, 194, 197
『固定観念』（川俣京之介訳、白水社、1941）　147, 149
『テスト氏・未完の物語』（粟津則雄訳、現代思潮社、1967）　147, 153, 194
ウィリス、ポール・E　157
『ハマータウンの野郎ども』（熊沢誠、山田潤訳、ちくま学芸文庫、1996）157, 158
ウィルソン、エドマンド　194
『アクセルの城』（大貫三郎訳、せりか書房、1968）　194
ヴェイユ、シモーヌ　18
『カイエ』全4巻　（冨原眞弓他訳、みすず書房、1992-98）　18
内沼晋太郎　146, 174, 219, 220
『これからの本屋読本』（NHK出版、2018）　174
『BRUTUS』「本屋好き。」No. 709（マガジンハウス、2011）　219
『本の逆襲』（朝日出版社、2013）　146
海野弘　200
『ハイウェイの誘惑』（グリーンアロー出版社、2001）　200, 201

【え】
江口宏志　63
『本屋さんの仕事』（共著、平凡社、2005）　63
懐奘　191
『正法眼蔵随聞記』改版（岩波文庫、1982）　191

【お】
大井実　34, 219
『ローカルブックストアである』（晶文社、2017）　34
奥本大三郎　138
『ランボーはなぜ詩を棄てたのか』（集英社インターナショナル新書、2021）138
オースター、ポール　14-16, 85, 210, 211
「写字室の旅」　210, 211
『写字室の旅／闇の中の男』（柴田元幸訳、新潮文庫、2022）　210
『幽霊たち』改版　（柴田元幸訳、新潮文庫、2013）　14, 85, 211

【か】
カク、ミチオ　89
『アインシュタインを超える』新版（ジェニファー・トンプソン共著、久志本克己訳、講談社ブルーバックス、1997）　89
角田光代　219, 220
『さがしもの』（新潮文庫、2008）　220
『方舟を燃やす』（新潮社、2024）　220
影山知明　145
『続・ゆっくり、いそげ』（クルミド出版、2018）　145
カーソン、レイチェル　108
『沈黙の春』改版　（青樹簗一訳、新潮文庫、2004）　108
ガタリ、フェリックス　136, 196, 198, 204
『エコゾフィーとは何か』（杉村昌昭訳、青土社、2015）　137
ガブリエル、マルクス　92
『なぜ世界は存在しないのか』（講談社選書メチエ、2018）　92
『未来への大分岐』（斎藤幸平編、マイケル・ハート、ポール・メイソン共著、

索引

人名（団体名）五十音順に掲載。
紙幅の都合により共著者名等を割愛した項がある。

【あ】
青木省三　112
『ぼくらの中の「トラウマ」』（ちくまプリマー新書、2020）　112
秋山駿　30, 195
『内部の人間』（南北社、1967）　195
芥川龍之介　16
「藪の中」　16
網野善彦　39
『日本の歴史をよみなおす（全）　ワイド版』（筑摩書房、2017）　39
綾屋紗月　125-127, 138
『つながりの作法』（NHK 出版生活人新書、2010）　125-127, 138, 146
アーレント（アレント）、ハンナ　137, 177
『人間の条件』（ちくま学芸文庫、1994）　137

【い】
井狩春男　23, 24, 102
『返品のない月曜日』（ちくま文庫、1989）　102
石井洋二郎　107
『毒書案内』（飛鳥新社、2005）　107
石田英敬　86
『大人のためのメディア論講義』（ちくま新書、2016）　86
石橋毅史　22-26, 36, 52-54, 75, 80, 133, 134, 142-144, 186, 187, 203
『口笛を吹きながら本を売る』（晶文社、2015）　22-24, 26
『本屋な日々　青春篇』（トランスビュー、2018）　203
『「本屋」は死なない』（新潮社、2011）　22, 75, 142, 143
井筒俊彦　79, 142
『意識と本質』（岩波文庫、1991）　79, 142
伊藤亜紗　137
『「利他」とは何か』（集英社新書、2021）　137, 138
伊藤詔子　114
『はじめてのソロー』（NHK 出版、2016）　114
伊藤洋志　155
『ナリワイをつくる』（ちくま文庫、2017）　155
『フルサトをつくる』（ちくま文庫、2018）　155
稲垣足穂　30, 167
『一千一秒物語』改版（新潮文庫、2004）　167
稲垣栄洋　84, 88
『植物はなぜ動かないのか』（ちくまプリマー新書、2016）　84, 88
茨木のり子　143
岩田直樹　15, 32, 122, 140, 165, 166, 175-177, 221
『橋田邦彦・現象学・アーレントの再解釈』（小取舎、2023）　175
岩間輝生　78
『ちくま科学評論選』（坂口浩一、関口隆一、吉田修久共編、筑摩書房、2018）　78

Photo：木元健二Ⓒ朝日新聞社

【著者・編者略歴】

奈良敏行（なら・としゆき）

1948年生まれ。1972年早稲田大学第一文学部卒。1980年鳥取にて、定有堂書店を開業。著書に『町の本屋という物語　定有堂書店の43年』（作品社）、共著書に、『街の本屋はねむらない』（アルメディア）、三砂慶明編『本屋という仕事』（世界思想社）がある。

三砂慶明（みさご・よしあき）

1982年生まれ。「読書室」主宰。本の執筆、企画、編集、書評を手掛ける。立ち上げから参加した梅田 蔦屋書店を経て、TSUTAYA BOOKSTORE 梅田MeRISE勤務。著書に『千年の読書　人生を変える本との出会い』（誠文堂新光社）、編著書に『本屋という仕事』、奈良敏行著『町の本屋という物語　定有堂書店の43年』がある。

【初出一覧】

「『音信不通』あるいは存在と思索」「焚き火について」「本屋と図書館」「読書について」「文章作成講座のこと」「本屋と書店」「本好きのエピジェネティクス」「写字室の旅」「本を並べる」「本屋のプロット」は書き下ろし。その他は定有堂書店発行のミニコミ誌『音信不通』に発表した文章に加筆修正。

本屋のパンセ

定有堂書店で考えたこと

2025年3月10日初版第1刷印刷
2025年3月15日初版第1刷発行

著　者　奈良敏行

編　者　三砂慶明

発行者　青木誠也

発行所　株式会社作品社
〒102-0072 東京都千代田区飯田橋2-7-4
TEL.03-3262-9753　FAX.03-3262-9757
https://www.sakuhinsha.com
振替口座00160-3-27183

装　幀　タキ加奈子（soda design）
装　画　奈良千枝
本文組版　前田奈々
編集担当　青木誠也
編集協力　岩田直樹、小林みちる、三砂あい（読書室）
印刷・製本　中央精版印刷株式会社

ISBN978-4-86793-073-1 C0095

【作品社の本】

装幀余話

菊地信義

生きていることのすべてが装幀の素材になっていた。
一万五千点余の本を手がけた稀代の装幀者が語り下ろした、本と装幀への思い。

ISBN978-4-86182-960-4

パピルスのなかの永遠
書物の歴史の物語

イレネ・バジェホ著　見田悠子訳

世界100万部の大ベストセラー
スペインでもっとも著名な作家のひとりである著者が贈る、書物の歴史のはじまりを綴った、壮大な一冊。
「今日の読者が来世にあるときもなお、この本は読み継がれゆくだろうという、絶対的な確信がある」――マリオ・バルガス゠リョサ

ISBN978-4-86182-927-7

ル・クレジオ、文学と書物への愛を語る

ル・クレジオ著　鈴木雅生訳

未だ見知らぬ国々を、人の心を旅するための道具としての文学。強きものに抗い、弱きものに寄り添うための武器としての書物。世界の古典／現代文学に通暁し、人間の営為を凝縮した書物をこよなく愛するノーベル文学賞作家が、その魅力を余さず語る、愛書家必読の一冊。
【本書の内容をより深く理解するための別冊「人名小事典」附】

ISBN978-4-86182-895-9

【作品社の本】

町の本屋という物語
定有堂書店の43年

奈良敏行著　三砂慶明編

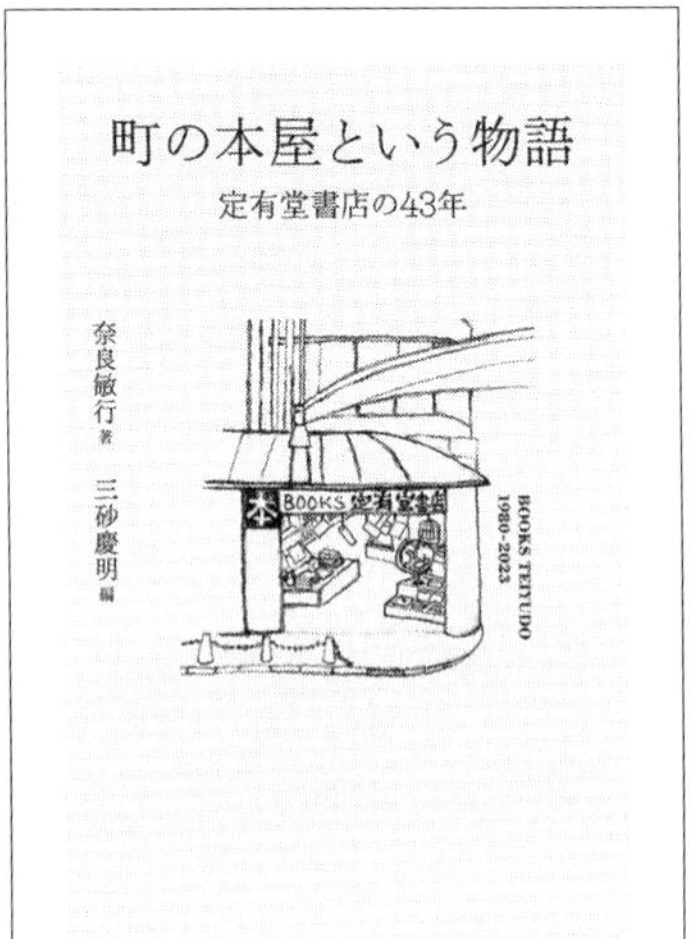

本は、本屋は、これからも大丈夫——そのように思わせてくれる一冊である。
本屋「Title」店主・辻山良雄さん推薦！
鳥取の定有堂書店は、いかにして地域の文化拠点となり、日本中から本好きや書店員が足を運ぶ「聖地」となっていったのか。名店の店主が折に触れつづった言葉から、その軌跡が立ち現れる。〈本の力〉が疑われる今まさに、手に取るべき一冊。

ISBN978-4-86793-013-7